全球暢銷20年經典

冥想

MEDITATION AND ITS PRACTICE

認識內在自我，與外在世界和諧共處，
獲得真正的滿足

斯瓦米・拉瑪 *Swami Rama* —— 著
劉海凝 —— 譯

推薦序

冥想是覺知而非思考

為斯瓦米・拉瑪大師的著作《冥想》的中文版撰寫序言，讓我非常喜悅。我相信中文版的《冥想》會受到讀者的讚賞。

許多年前，我曾有幸與拉瑪大師相伴度過了一個月的時光。他在瑜伽，特別是冥想方面的見解獨一無二。拉瑪大師誠摯地相信，帕坦迦利瑜伽傳承中「冥想」的概念，與哈達瑜伽及密宗傳承中「冥想」的概念，是有區別的。他認為：冥想技巧的練習和冥想本身，是截然不同的兩件事。在當今許多著作中，我們都可以觀察到，冥想技巧被定義為冥想本身，但事實並非如此。

如果我們仔細查閱帕坦迦利的著作，就可以看到他把八肢瑜伽（Ashtanga Yoga）分為兩個部分：一個部分被他稱為「外在的瑜伽練習」，另一部分則被稱為「內在的瑜伽練習」。在這個劃分當中，夜摩、尼夜摩、體式、調息、內攝屬於外在瑜伽；專注、禪那、三摩地屬於內在瑜伽。這意謂著什麼呢？帕坦迦利非常明確地描述到：外在瑜伽是瑜伽練習者可以練習的部分；而內在瑜伽，則是學習者練習瑜伽後產生的結果。你無法做出內在瑜伽，它是自然地發生的，不是人為形成的。

一般來說，我們生活在外部世界，借助感官來探知一切。但我們不知道如何進入內在的世界。當我們用視覺、嗅覺、觸覺、味覺和聽覺感知事物時，這五個感官使你忙碌於外在世界。我們的認知以及被認知的事物，促使我們不斷地進行思考。然而，真正的冥想是沒有思維、無念的狀態。事實上，在冥想中，你不需要阻止自己的思維，它會自發地停止。這種冥想的內在狀態，會使你發生意義深遠的轉化。

在本書中，斯瓦米．拉瑪就冥想的各個方面進行了詳盡的描述。他就「如何正確練習冥想技巧」和「真正的內在冥想是什麼」，做出了清晰明確的劃分。他還探討了冥想中的障礙、意念的功能、進入超意識或無念狀態的技巧等問題。冥想是覺知而非思考，它屬於內在而非外在。

斯瓦米．拉瑪大師，是偉大的瑜伽修行者，他的書中少有人云亦云的陳述，內容大多的是建立在直覺和經驗的基礎上。閱讀他的書，你會發現許多實用練習技巧取代了枯燥的理論知識。因此，這是一本通俗易懂的指南，它將指導你正確地進行冥想練習並深入地瞭解自我。

我非常推薦每一位練習者閱讀它。

也祝繁體中文版《冥想》的出版一切順利成功。

——印度國家瑜伽聯盟主席
印度卡瓦拉亞達翰幕瑜伽研究學院院長
緹瓦瑞

序言

冥想是瞭解內在世界的方法

那是一九七三年七月的一天，在令人心曠神怡的明尼蘇達州中部農場，一百多人聚集在這裡，一起聆聽斯瓦米·拉瑪大師的系列講座。我們將遮擋雨水和烈日的帳篷，搭在一座能俯瞰湖水的山坡上。斯瓦米坐在帳篷盡頭一個低矮的講臺上。在帳篷四周，如茵的綠地上鋪滿了各式各樣的毛毯、地毯和墊子，人們圍聚在他身邊。風和日麗，一陣陣清風徐徐吹過，帳篷兩側的簾布不時被吹拂舞動著。這種讓人失去時間感的氛圍，正好詮釋了這位大師對瑜伽的理解。

許多年過去了，斯瓦米·拉瑪大師當年所傳授的思想，如今已被許多人所熟知。但在當時，這些都還是新銳和具有挑戰性的話題。在講座開始時，他說道：「每個人都同時屬於兩個世界——內在世界和外在世界。想要成就卓越的人生，我們需要懂得如何在這兩個世界之間搭建橋樑。在這個世界上，極端的觀點毫無益處，對生活也沒有幫助。我們最好的選擇就是控制自己的想法、感覺、情緒和衝動。」講完這些後，他開始了關於自我控制的講解。

斯瓦米．拉瑪闡述道：「控制並不意謂著扼殺一切，但也不是過度放縱。這是一種平衡，要達到這種境界，就需要讓心念中飛速運轉的部分慢下來。我們要學習新的方法來認識自己，讓心靈得到祥和與寧靜。這種瞭解內在世界的方法就稱為『冥想』。」在簡要介紹之後，他開始了冥想的教學過程。

這並不是我第一次聆聽斯瓦米講授冥想。八個月前，我們在一場探討冥想和生理回饋關係的研討會上曾經見過面。那是在主會場旁的一個小房間裡，斯瓦米和我坐下來，中間隔著一張茶几，他看了一眼放在桌上的我的腦電波紀錄——那是會場工作人員當天在攜帶式機器上準備好的。

「你會冥想嗎？」他問。

「不怎麼會冥想。」我回答。雖然經過多次嘗試，但我總覺得那些淺嚐即止並不能算是冥想。

「你應該學習冥想！」他說，很快就讓我入了門。我花了整個週末來學習冥想的目的、基礎方法及實踐。後來，又加入他組織的一個小團體繼續接受培訓。

在那些年，冥想知識的主要來源是斯瓦米．拉瑪推薦的書籍、文章和課堂講義。我們做了很多筆記，相互分享；每當瞭解到新方法時，就會不斷改進自己的冥想。同時，有關冥想的概念也逐漸變得清晰。我們似乎都在問：「冥想到底是什麼？」

斯瓦米·拉瑪總是說：冥想是對意識的引導，它是一條通道。當然，他在這裡指的並不是與神靈的溝通。他解釋道：「冥想就像河水的堤壩一樣，引導意識之流認識到自我的存在。冥想與其他行為一樣，是一個循序漸進的過程。當你掌握它之後，它會變得更加可信，引領你獲得更深刻的體驗。」

他教授的冥想方法，與印度先哲帕坦迦利所描述的完全一致。步驟是這樣的：首先關注身體，然後關注呼吸和覺知，最後集中在心念上。他建議我們：「不要企圖省略其中的任何一個步驟，不要跳著做！按部就班地按照計畫練習，就會水到渠成。如果你的方法正確，冥想肯定會讓你獲益匪淺。」

關於冥想練習技巧的討論，經常集中在注意力所專注的焦點問題上。在一九八四年尼泊爾講座期間，斯瓦米·拉瑪曾多次提及這一個話題。他提醒學生：外在世界中的觀點、形式和概念，在心理上是一個很難打破的習慣認知。人的心念在每天早上醒來時，就會重返這些心理上的建構，並再次為之所縛。

他闡述道：「老師的任務在於給學生一個新的關注點，將心念從固有的習慣模式中解放出來。」接著，他用自問自答的方式解釋著這個新的關注點應該是什麼：「老師的照片？愛人的名字？或者抽象的概念？這些都會讓心靈忘記本來的目的，而再次轉向外在。」他接著說：「但是，梵咒（Mantra）[1]是不與外部物體關聯的聲音。這些聲音的振動會產生一種形態，而它對你而言不是外在的。理解一個梵咒的含義，是一個**漸進**的過程。在你聽到它的時候，心靈中許多細小而混亂的波動會平息下來，消融在因專注而降臨的和諧之中。你的生命會因此更為美妙與卓越。」

斯瓦米．拉瑪非常清楚：我們在冥想時，思緒經常會偏離正軌。他以一種幽默的方式解釋這個問題：那些幻想著玩樂的人，臉上會出現小狗崽兒一樣的表情，而那些憂心忡忡的人，卻是一副深鎖眉頭的樣子。他從來不會錯過任何一個提醒學生保持清醒的機會。「冥想的目的，不是為了在心靈的無意識部分上徘徊，而是為了形成一個通道，發現阿特曼（Atman）[2]的存在並引導它。阿特曼就是內在的真我。所以不要陷入沉思。」

自明尼蘇達州講座至今，已經過去二十年了，斯瓦米·拉瑪如今還像當年一樣，在印度進行著相同的系統培訓。在恆河河畔的修道院附近，他會這樣提醒學生們：「每天都要定時練習。」他說：「讓你的自我來到意識的中心。你必須知道，你就是和平、幸福和快樂。自由是你的本性，要反反覆覆地體驗它，直到它與你同化。在這段旅程中，你不會失去任何東西。我們只是在這個看得見的世界進進出出罷了。出生是一種到達，死亡是一種離開。你在這個世界上只是一個過客。冥想能幫助你理解這個現實。」

《冥想》這本書為大家介紹了理解生命旅程的方式，解開我們的存在之謎。書中所講述的內容意義深遠，並輔以系統化的技巧。它的主題就是每一個人的自我轉變。我希望在閱讀本書的過程中，你會對冥想產生興趣，並讓它慢慢萌芽，直到有一天如花般綻放。儘管在日常生活中，我們依舊會遇到各種不盡如人意的事情，但希望冥想能夠賦予生命以寧靜。

——心理學博士　羅爾夫・索維克（Rolf Sovik）

譯注

1 梵咒（Mantra）：又譯「真言」、「曼陀羅」，為一組音節或單詞，與特定的能量振動相對應。學生剛開始由資深老師帶領學習時，使用梵咒做為冥想的對象。在進行一段時間的練習之後，梵咒能夠逐漸將我們的冥想引領到深層狀態。無論在冥想時還是日常生活中，對梵咒進行不斷的重複，它的力量和內在意義會隨著潛在精神能量的釋放而逐步展開。

2 阿特曼（Atman）：指自我、本我、真我。

前言
透過冥想進行全方位的自我認知

本書旨在為大家提供清晰、系統性的冥想基礎指導。這是實用且循序漸進的方法，而不是哲學或理論探討。我們在書中還介紹了非常重要的冥想事前練習，這些練習能夠有效地提升冥想品質。

數千年來，探索者們在冥想領域進行研究與實踐，以尋求更為寧靜、積極和圓滿的人生。冥想能夠改善人們的健康狀況，提升人際關係，增強處事技巧，相對於其他修身養性的方法，它自有其獨特之處：我們可以透過冥想進行全方位的自我認知，並最終引領自己到達內在意識的核心。這個核心或更高的自我，稱為「阿特曼」，意識正是從這裡流向生命的各個分支。

當探索者全然體驗到阿特曼在自身中的完整存在時，他就會得到滿足，不會再被物質世界和自己的思緒所煩惱。此時，他融入了阿特曼之中，這種喜樂的內在狀態就稱為「三摩地」（Samadhi）。一旦達到這個階段，所有的疑問都將煙消雲散，所有的煩惱也將不復存在。

冥想的基礎練習很容易掌握，而且你會發現，越是堅持練習，效果就越顯著。在初級階段，你會感受到簡單的收獲，比如心境更為平和、壓力得到舒緩。隨著練習的不斷進步，你會發現自己更深層次的變化。只要堅持不懈地規律練習，這將會是非常愉悅的內在之旅。

事實上，實踐領域的冥想知識博大精深、趣味橫生，因此你很可能有興趣瞭解瑜伽的其他方面，例如，瑜伽體位法（Asanas）、調息法（Pranayama），以及瑜伽中健康方面的知識與潛在的哲學及心理學。

祝願大家享受這段旅程，並從中獲益。

目次

D ITS PRACTICE

MEDITATION AN

Chapter 1
何為冥想

「冥想」這個概念存在許多不同的解讀，使得人們對於該如何正確理解它而感到困惑。究竟什麼是冥想？應該如何練習冥想？有些人誤用這個詞來表達思考或沉思，還有一些人用它來指做白日夢或幻想。事實上，這些都不是冥想。冥想是一種截然不同的境界，充分理解它的含義是格外重要的。

它是一項獨特的技能，可使大腦得到休息，達到與平時完全不同的意識狀態。冥想時，你是完全清醒和覺察的，心念不會去關注外在世界或周圍發生的事情。你的心念並沒有沉睡、做夢或幻想。相反地，它是清晰、放鬆和專注於內在的。

「冥想」（meditation）一詞的詞根，與「醫藥」（medical）和「醫治」（medicated）等詞的詞根接近。這一詞根有「注意、關注某物」的意思。就「冥想」而言，你關注的是自己平時難以覺察的維度，最深入也最內在的層面。這些深入的層面極其奧妙，遠遠超過思考、評判、幻想或情感的體驗與記憶。冥想需要如下的注意力：平靜、專注，同時又非常放鬆。要形成這種內在的專注力並不困難，事實上，你會發現冥想本身就是一個有利於心念休息的過程。在初始階段，最大的困難在於我們的心念從未受過如何具備內在專注力的訓練。

縱觀世界各地，我們會發現：人們接受教育，都是為了學習在社會中謀生的技能，像是如何交談、思考和工作；如何對事物進行調查研究；如何去體驗外在世界等等。人們研究各種學科，如生物學、生態學、化學等，並用學到的知識去瞭解這個世界。但是，學院也好，綜合大學也罷，沒有一所學校會教授我們如何探索和關注自身的內在。我們只知道去模仿他人的理想，跟隨風尚，追求那些社會的主流價值，卻從未對自我有過深入的瞭解，無論是內在還是外在。這讓我們缺乏對自己的認識，不得不依賴別人的意見或建議。

冥想是獨特、精細、準確的方法。這個簡單的注意力訓練，可以讓我們對身體、呼吸和心靈，進行全方位的自我瞭解。隨著時間的推移，練習者的愉悅感會增加，思維變得更加清晰，洞察力也會得到提升。你將享受冥想所帶來的積極效應。伴隨著這些輕鬆的體驗，你還會感受到生理、神經和精神方面的壓力也得到了釋放。

這本冥想指南提供了相關練習的系統性指導，回答了入門階段最常見的問題。有了這些技巧，你就能夠隨時開始練習了。之後，在冥想的某個階段，你會需要有經驗的前輩指導你取得更大的進步。這本書將幫助你度過最重要的基礎階段。你會發現，要取得冥想的進步，在身體層面幾乎不需要做任何特殊或吃力的事情，也無需養成奇怪或陌生的習慣，更不需要耗費太多精力或大量時間。在享受冥想的同時，你的身體將更加放鬆，心念會更具創造性，也將更加專注。你甚至還可能會發現，自己的健康狀況和人際交往都得到了極大改善。

在初始階段，冥想具有療癒作用。它能夠放鬆緊張的肌肉與自主神經系統，將我們從精神壓力中解放出來。冥想使人獲得寧靜的情緒，降低我們對壓力的反應，增強免疫力。即使你只是練習幾天，只要全身心投入，也能發揮控制食慾，甚至在一定程度上化解憤怒的作用。冥想還能減少你對睡眠的需求，使身心更具活力。以上是我們在各行各業的學員們身上觀察到的變化。

作家、詩人和思想家通常會希望自己更富創造性和覺察力，而直覺是所有知識中最精細、複雜的一部分。冥想能夠有系統地讓我們在日常生活中提升這種內在的潛力。

冥想對健康也有著重要的影響力。在現代社會中，大部分疾病可歸因於心理壓力，是由心理失調、思考過度及情緒變化所引發。近來，科學家們開始意識到，只採用保守藥物治療或傳統的心理療法，並不能徹底治癒這類疾病。因為如果病源在於心理和情緒反應，那麼僅僅憑藉外部治療，又如何能恢復健康呢？依靠外在的療癒方法，而不去瞭解自己的心理和情緒，就很可能會對治療師或醫師產生依賴。相較之下，冥想卻可以讓你依靠自己的力量去獲得內在的動力，從而更有效地處理生活中的所有問題。

冥想是一種過程

在冥想的過程中，我們讓心念放下對問題的思考、分析、回憶、判斷，以及對過去的執著、對未來的期待。我們減緩心念的思考與感受速度，並用內在的覺察和專注力來取代它們。

因此，冥想並不是對問題進行思考或對現狀進行分析。它也不是幻想、白日夢，或是讓心念漫無目的地飄蕩。冥想不是自我的對話或爭辯，也不是某種強化思維的過程，它只是一種非常簡單、安靜、不費力氣的專注與覺知。

在冥想時，我們應該盡量避免胡思亂想、浮想聯翩，連那些平時稍縱即逝的思緒和聯想也都要盡量捨棄。當然，這並不等於說我們要完全清空心念，事實上這也不可能。

我們這樣做，只是讓心念專注於某一個特定的物件或物體，因為這將引導注意力轉向內在。透過對內在的關注，我們在精神層面就能避免那些產生壓力的思維過程，比如擔心、籌畫、思考和評判。

冥想練習者可以使用內在的工具，來使心念獲得集中。在大部分情況下，最常用的是聲音，但有時也會用到視覺圖像。聲音和圖像既可以是外化的，也可以是敏感細緻的，這要根據練習者的思維結構來決定。這種用來集中心念的聲音稱為「梵咒」，它在我們的精神層面會產生強大的影響。

梵咒可以是一個詞、一句短語、一段唱誦，或只是一個音節。將注意力集中在這上面，可以幫助練習者不再進行那些無意義的、混亂的思維過程，從而進入更深層次的自我。不同種類的梵咒，在全世界各地被廣泛應用，比如Om[1]、Amen和Shalom[2]等等。這些聲音都是為了讓使用者集中心念。本書會向讀者介紹一個簡單易學的梵咒，經常使用它，將會獲得顯著的效果。

全世界的各類心靈修習傳承都會使用聲音系統：他們念誦一個音節或一組詞語，就像我們所說的梵咒一樣。這是一門極為博大精深的學問，而只有那些在這個領域出類拔萃的人，才能引領學生們走上正途，因為這門學問指向內在。練習者在初期的實踐中無需老師的指導，因為這一階段的內容非常簡單且易於操作。一旦練習者開始面對自己的心念，就需要有合適的梵咒來進行輔助。使用深諳冥想傳統的老師所傳授的梵咒，對練習效果會產生更為強大的助益。

有關梵咒的文字和古籍浩如煙海。瑜伽科學的集大成者帕坦迦利曾提到：「梵咒」是所有內在覺知的源頭。因此，它也被認為是連接塵世和不朽之間的橋樑。當死亡來臨時，身體、呼吸、自我意識都會與無意識及靈魂分離，這時，冥想者此前記憶的梵咒，便會在無意識上繼續留下印跡。這些印跡做為強大的動力源，能夠對練習者的轉化過程有所幫助，使未知的死亡之旅更容易被超越。

「梵咒」是心念的焦點和支撐點。老師會根據練習者的心靈狀態及渴望探索內在真知的強烈程度，來為其挑選適宜的梵咒。

正如爬山可以走不同的道路一樣，冥想的技巧也同樣有許多選擇，彼此不盡相同。但它們的目標是一致的，即實現內在的專注、祥和與寧靜。任何能夠協助你達到這種狀態的練習，都是有益的。在這個前提下，世界上的各種冥想方式之間，其實沒有太大的區別。

有時，人們會糾結於比較冥想方法的異同，熱衷於爭論哪種流派、哪位老師「最好」。優秀的冥想老師會承認並尊重各種方法的普適性，而不會刻意推銷自己擅長的某種技巧。冥想是用來探索內在維度、逐步瞭解生命各層面的有效途徑。只要老師不自大、不執著於某種特殊的方法，或堅稱自己技高一籌，那麼他所進行的傳授，就是值得肯定和富有價值的。

練習者在初級階段的思維還不夠清晰，不能辨別和掌握正確的冥想方法。此時，老師個人的冥想方式很可能會影響到初學者。遺憾的是，某些老師自己都不進行冥想的練習。他們並不十分真誠。許多學生為了找到真正的冥想方法，不斷地更換老師，結果白白浪費了寶貴的學習時間。在耗費大量的精力和財力之後，很多學生可能會非常失望和沮喪，最終放棄所有努力。在瑜伽的傳統中，我們有時會講，如果世間真的存在罪過，那麼老師誤導誠心求學的學生，就是其中最好的例子之一。

當我們仔細審視生活，就會明白：從幼年開始，我們接受的教育就僅止於觀察和瞭解外在世界。從來沒人教導過我們，應該如何向內看、發現和瞭解內在。因此，我們在渴望瞭解別人的同時，看待自己卻依然像是一個陌生人。由於缺乏自我瞭解，我們的人際關係並不那麼稱心如意，生活中也常常充滿了困惑與失望。

事實上，常規教育體系只開發了我們心靈的一小部分。而另外負責做夢、睡眠，以及用於存儲所有經歷的無意識領域，仍不為人知。它們從未經受過訓練且難以控制。我們的心靈可以掌控整個身體，但身體卻不能掌控心靈。除了練習冥想，沒有其他能夠真正控制全部意識的方法。

我們懂得在外部社會中應該如何採取行動，才是恰當的，卻從不知道該如何讓內在世界安靜下來，並瞭解其中包含的奧義。在此同時，我們不應該讓保持祥和與寧靜，成為一種特殊的行為或宗教儀式，因為這是人類自身的普遍需要。冥想時，我們會獲得一種難以名狀的喜悅，它能夠讓我們達到人類已知愉悅感的頂點。世界上其他任何形式的喜樂，都是稍縱即逝的，但冥想所帶來的積極感受，不僅非常強烈，而且能夠持久。這麼說並不是誇誇其談，古往今來的聖賢們已經證實了這一點。他們有的已獲得真理、離開人世，有的還在世間生活卻不受世事的紛擾。

我們的心念總有一個傾向，就是用過去的思維模式去想像未來可能發生的種種。它並不懂得如何應對當下和面對此時此刻。只有冥想能使我們充分體驗當下並連接永恆。在冥想技巧的幫助下，心念轉向內在，獲得力量，進入到自我更深層次的存在。心念本身並不會製造分裂或偏離，它可以令人全然專注，這也是冥想的前提。那些已經知曉這一事實並開始練習冥想的人，是非常幸運的；而那些堅持進行冥想的人，則更加幸運。最幸運的是，那些將此列為頭等要務的佼佼者，他們定期進行練習冥想。

要開始這條道路，就要清楚地瞭解冥想的含義，並選擇適合自己的練習方法，在一段時間內進行規律練習。如果可能的話，最好每天在固定的時間進行。不過，在現代社會中，許多人很快就會變得不耐煩，不僅沒練多久就選擇放棄，還會得出這樣的結論：冥想完全沒有價值，毫無意義。他們就像種下了一顆鬱金香球莖的孩子，只因在一週之內沒看到花朵就沮喪不已。其實，如果你定期冥想，肯定會有所進步。這幾乎是不可否認的事實。

在練習初期，進步可能會表現在放鬆身體和穩定情緒方面。然後，你會感受到更多微妙的其他跡象。冥想的重大效果和利益，並不會突然出現，也不容易被察覺，但隨著你的堅持和時間的推移，它們將會慢慢呈現。後面，我們將介紹如何評估你的進步，以及何時可以進入更高階段的冥想。

在結束這個話題的討論之前，我們澄清一下經常與冥想混淆的一些精神狀態。

冥想不是什麼？

冥想不是沉思或思考。沉思的確有益，特別是那些有關真理、和平與愛等積極理念的沉思。但它與冥想的狀態不同：沉思時，你需要深入理解一種觀念，啟動心念去思考某種想法的意義和價值；但當你冥想時，卻不會讓自己的心念去思考任何觀念，而是遠遠超越這些精神層面的活動。雖然在冥想體系中，沉思這種特殊的練習也偶爾會被使用，但它只是一項單獨的訓練。

冥想也不是催眠，更不是自我暗示。在催眠過程中，心念會受到來自自己或他人的暗示，內容有可能是：「你越來越睏（或放鬆）……」因此，催眠會試圖安排、操縱及控制心念，使其相信某事是有益的，或是讓心念沿著某個方向進行思考。有時，這種提示是有效的，因為暗示的力量非常強大。但不幸的是，消極的暗示同樣也會對我們的各個方面產生破壞性的影響。

相反地，在冥想時，你不需要給心念直接暗示或試圖控制它。需要做的，只是觀察它，讓它安靜下來。允許梵咒帶領你深入自我，探索和體驗更深層次的存在。從冥想的角度來看，催眠具有潛在劣勢，比如它會與心念形成衝突，因為心念對外部提示會產生微妙的牴觸。催眠或暗示這類行為或許有醫療效果，但我們卻不能將冥想與它們混為一談，這一點尤為重要。聖賢們認為，冥想正是催眠的對立面——它是一種清晰的狀態，完全不受外界的影響和干擾。

冥想不是宗教。冥想並不會透過某種奇怪而陌生的練習，改變你的信仰或文化背景。它與宗教毫無關係，冥想是一種實用、科學且系統化的技能，一種可以幫你全方位瞭解自我的途徑。冥想不屬於世界上任何一種文化或宗教，它是一種純粹而簡單的方法。冥想探索生命內在的維度，最終使你安住在自己的本性之中。有些學者將這種內在的本性稱為「三摩地」，而另一些人則稱之為「涅槃」（Nirvana），還有一些人把它稱為「圓滿」或「開悟」。它當然也可以是「合一」。詞彙和標籤一點都不重要。冥想的目的，是提升內在精神境界，而不是宣揚某種宗教。

社會上某些人推廣的所謂冥想練習，實則摻雜了其他的宗教觀念和文化價值，使得練習者因此擔心冥想會擾亂他們的宗教信仰，或者他們必須放棄自己的文化背景去適應另一種習俗。但事實並非如此。

宗教所傳授給人們的是「去信仰什麼」，而冥想帶給你的則是「直接的自我體驗」。兩個體系之間不存在任何衝突。崇拜、祈禱、與神靈的對話，都是宗教的一部分。你完全可以做一個虔誠祈禱的教徒，同時，又是一個掌握冥想技巧的練習者，沒有必要為了冥想而信奉或拒絕某個宗教傳統。冥想的練習應該純粹、系統、有次第地進行。

冥想時，你需要學會：

- 如何放鬆身體。
- 如何以舒適、穩定的姿勢進行練習。
- 如何讓自己的呼吸平緩安穩。
- 如何平靜地目睹自己的思維如裝滿貨物的火車一樣，在大腦中奔馳。
- 如何評估思考的品質，提升正面的、有益於成長的思考。
- 如何保持專注，在任何情況下都能不受干擾。

本書將有系統地討論以上所有問題，使你的冥想愉悅、深入且有效。練習冥想時，如果你能清晰地瞭解冥想的概念，再加上適宜的技巧與態度，它就會令你精神煥發、精力充沛。在理解冥想的基本背景之後，我們將進行下一步：為冥想做好準備。

譯注

1. Om 和 Aum 基本上是一致的，代表宇宙絕對真理的聲音。根據瑜伽文獻《奧義書》，Aum 由三個字母組成：A、U、M，分別代表了覺醒、睡眠和深入睡眠狀態。念過「Aum」之後保持一段時間的沉默，則代表超越這三種意識的常態之絕對狀態或超驗現實。Aum 是最高等級的梵咒，是代表最高存在和知識的符號。
2. Amen，阿門，希伯來語，意為「但願如此，實實在在的」，是猶太教、基督教禱告和禮拜時的宗教用語。Shalom，希伯來語，意為「和平，平安」，也是基督教中經常使用的詞彙。這裡用這兩個詞，表示梵咒在世間各方面的廣泛使用。

Chapter 2

冥想前的準備

冥想中最重要也最常被忽略的步驟，就是事前準備。若沒有適當的準備，生理、心理和情緒上的干擾，都會限制冥想的深度與廣度。當身體狀況不佳或不在狀態時，這些生理方面的原因，肯定會給練習造成障礙和困擾。

最常見的生理問題包括：由於疾病和緊張造成身體不適或難以放鬆，無法舒適端坐；感到疲勞或睏倦；日常壓力造成的不安、緊張和煩躁；飢餓或暴飲暴食等飲食問題。對生活方式加以改善，能消除以上的大部分問題，防患於未然。當然，即便感冒或身體不適時，你仍可以進行冥想，但你恐怕會發現，生病所帶來的不適、疼痛，或注意力的不集中，確實會妨礙練習。所幸，冥想會使你對許多生理過程變得更敏感，你將更加瞭解身體的需要，從而預防疾病、保持健康。

在本書中，我們將推薦解決前述問題的具體方法給大家，並介紹具針對性的練習，以消除生理上的緊張和壓力。此外，本章還會探討食品和充足睡眠，將如何對練習產生影響。

基礎指導

一個高階瑜伽冥想者幾乎可以在任何地方進行練習。但對大多數人而言，瞭解一些基本規則，會使冥想進行得更為順利。它並不需要任何特殊或不尋常的條件，冥想地點可以是家裡、鄉村、城市、海邊、山中，任何地方。當然，如果這個地方相對安靜、整潔、舒適，則更為有利。

理想狀況下，一個房間或屋子的一角，可以做為冥想的專用空間。這裡要空氣流通、相對舒適，不能堆滿東西、布滿塵埃。整潔和安靜的空間，是我們所需要的。練習場地最好與工作區分開來，遠離廚房、電視和電話，避免他人的打擾。同樣地，避開辦公室這樣的場所，也是非常明智的，因為那裡總會有事務讓你分心。選擇房間中安靜、舒適的角落，但不建議在床上進行冥想，因為那裡會讓你聯想到睡眠，從而很難保持警覺和清醒。我們在下一章會介紹到：無論是坐在椅子還是地板上，有一個專門用來冥想的空間，對你會很有幫助。

冥想可以在任何時間進行，白天或夜晚都可以。不過，在傳統上，最佳時段是清晨和深夜，因為這時周圍都安靜了下來，不太可能被人打擾。人在這兩個時段是最純淨和最有覺察力的，因此它們是冥想的最佳時間。儘管如此，工作和生活的瑣事，仍可能對冥想的時間安排造成不小影響。

如果你已經有了孩子，那麼孩子睡著之後，或許會是最適合你的冥想時刻。起初，選擇一、兩個時段，每個時段大約練習五至十五分鐘即可。這樣既不會給他人造成不便，也不會受到打擾，或忽略自己的職責。同時，你也無需為了辦其他事情而急著結束練習。最簡單的調整日程方法，就是提早起床，或是在睡前進行冥想。

每天在固定時間冥想，會取得最快的進步。養成這個習慣，讓它成為你日程中一個固定不變的部分，這對於深化練習極為有益。即使每天的日程都不相同，也要盡可能找到合適的時間並持續下去。這樣做有利於消除因懶惰和拖延而產生的心理抗拒。

下面介紹冥想過程的五個步驟：

第一步：清理

首先，身體要做好準備。當身體感到精力充沛、舒適、輕盈、放鬆的時候，冥想是最容易順利進行的。淋浴，或只是簡單的洗臉、洗手、洗腳，都有助於找到這種清新的感覺。如果在清晨，於冥想之前完成排便，身體會感到更加舒適。

第二步：伸展

有些人發現，在一整晚的睡眠之後，身體會變得僵硬痠痛。遇到這種情況時，洗一個溫水澡並做一些緩慢的伸展練習，能夠幫助身體恢復到適合冥想的狀態。

哈達瑜伽的體位法，是專門用來保持身體健康，並使其變得足夠強壯及柔韌的練習，它能使你更加舒適地適應冥想坐姿。《瑜伽：基礎精通》（*Yoga: Mastering the Basics*）[1]一書中，講解了一些可做為冥想事前準備使用的基礎體位。如果條件允許，最好能夠跟隨具備資格的老師進行一對一的學習。

伸展並活絡背部及雙腿，能夠有效地增強冥想坐姿的舒適度。即便只是幾分鐘的伸展或體位法的練習，都能夠大大改善你的冥想體驗品質。哈達瑜伽體位法不同於長時間的有氧運動，既不會讓你感到疲憊，也不會讓身體過度興奮。相反地，體位法會柔和地喚醒你，幫助你放鬆肌肉，減輕精神壓力，集中注意力。所以，在冥想之前，至少需要五到十分鐘的時間用於伸展身體，做好充分的熱身準備。

第三步：放鬆

完成伸展練習之後，進行簡短的放鬆練習會十分有益。舒適地平躺下來，讓背部緊貼地板或墊子。在頭部下方墊一個薄墊子，身上蓋一條毯子或披肩。雙臂置於身體兩側，手臂與軀幹微微分開，掌心向上，雙腿以舒適的距離打開。確保你的身體重量均勻分布，沒有扭轉或傾向一側。頭部要擺在中央位置，不要倒向一側，否則會給頸部造成壓力。這個放鬆的體位法叫「攤屍式」（Shavasana）[2]，你只需安靜、放鬆地平躺著。輕輕閉上你的雙眼，花幾分鐘的時間關注呼吸：用鼻子輕柔地吸氣，再緩慢地呼出來，吸氣和呼氣之間不要有間斷或停頓。

以這種姿勢平躺著，就可以引領自己做簡短的放鬆練習了。按照順序關注自己的每個主要肌群，再逐漸關注到整個身體。在本書附錄中，詳細介紹了這項練習。如果你感興趣，還可以使用輔助放鬆的錄音帶。練習時間不宜過長，不應超過十分鐘。你的心要保持清醒，因為對大部分人而言，此時很容易進入睡眠狀態。

第四步：大腦與神經系統的放鬆

呼吸是一種強大的力量，對身體的緊張程度、大腦的穩定和清晰度，都會造成巨大的影響。冥想前，使用專門的坐姿進行瑜伽呼吸練習，可以使精神趨於平靜，有助於內在的專注、集中與穩定。某些學生一開始會排斥，不太願意在這些練習上耗費時間。但是，一旦完成這些練習，你會發現它們對深化冥想極為有效。呼吸的狀態對情緒的平衡和心理的穩定，都具有神奇的作用。我們會在後文中介紹幾種特定的呼吸練習，它們將為冥想帶來重要的益處。

第五步：冥想坐姿

完成呼吸練習後，你就可以開始進行冥想了。採用冥想姿勢坐好（相關坐姿將在第3章詳細講解），讓心念關注你使用的梵咒，或是通用的梵咒「so hum」（音譯為「搜瀚」）[3]。這個聲音與呼吸節奏有一種特殊的協調性：呼氣，默聽「hum」的聲音；吸氣，默聽「so」的聲音。

慢慢讓你的呼吸變得深長而柔和。靜靜地坐著，將心念集中在梵咒上。持續以舒適的坐姿練習，讓心念平靜下來並向內專注。只要你沒有不適感且時間充裕，就這樣一直坐下去。在準備結束冥想時，先讓覺知回到呼吸上，然後再過渡到身體上。用雙手手掌輕輕覆蓋眼睛，睜開雙眼目視掌心，漸漸地把覺知從對內的感受轉移到外在世界。我們在第4章將詳細介紹冥想中心念的變化，以及如何控制心念。

綜上所述，練習順序應該按照以下步驟進行：第一步，沐浴或其他清理準備；第二步，做伸展運動或瑜伽體位法；第三步，放鬆練習；第四步，呼吸練習；最後一步，冥想。在結束本章的討論之前，關於冥想的事前準備，還有以下一些重要因素應該特別注意。

影響冥想的其他因素

在瑜伽哲學中，描述了人的四種原始本能——食物、性、睡眠和自我保護，它們是激發所有人欲望的原始動力。如果想要提高冥想的水準，必須有效管理這四種原始本能，因為它們的失衡會造成生理影響和情緒波動，嚴重破壞練習者的專注力和冥想效果。

從冥想的角度來看，健康的飲食主要包括沒有過度烹調、非加工或煎烤的食物，它們不油膩且新鮮，製作簡單。這是為了避免消化問題擾亂冥想。新鮮、簡單的天然食品，不僅營養豐富、容易消化，而且非常有益健康。

用餐的氛圍也要愉快。在現代社會中，丈夫、妻子和孩子一整天都在外面忙碌，只有在晚飯時間才有機會聚在餐桌旁，交流一天中的見聞。不要讓這段時間變得不愉快或消極；全家人對此應該達成共識。古人說過，愉悅是最有效的良藥。掌握這個祕訣的人都知道，吃飯時心情應該舒暢。處於愉悅狀態的大腦，對消化系統和內分泌系統會產生巨大的正面影響。

一旦我們懂得了身體的功能及其語言，就可以預防許多不適與疾病。當我們在愉悅的環境中，用快樂的心情吃下優質食物時，就會有效分泌唾液和消化液來幫助消化。反之，心情抑鬱或在用餐時進行激烈而負面的討論，則會導致消化系統紊亂。

所有的食物都要經過充分咀嚼。如果想要好好地享受食物，最佳方式便是：減慢進食速度，細細品味。良好的消化還需要充足的水分，新鮮的水果和沙拉應該成為飲食的一部分。

要避免暴飲暴食，因為這會引發許多健康問題。飯後應該清理口腔和牙齒，接著讓消化系統休息，正餐之間不要吃零食。如果想進行冥想、性交或睡眠，應至少在用餐後四小時才可以。飯後立即上床睡覺，是不良的生活習慣。

消化過程本身，以及身體對食物的反應，對冥想有著巨大影響。事實上，在食用大量肉類後的三到四小時內，是不能進行冥想的。所以，清晨是最佳的冥想時間，因為這時你的身體已經消化掉前一天的食物，變得清新而輕盈。而在晚上，假如你很晚才吃飯又食用了過量的食物，那就要等到深夜才能真正集中精神進行冥想。

顯然，不同種類的食物在人體內的消化過程也不同。蔬菜、水果、穀物等，這類輕盈、新鮮的食物，需要的消化時間比較短；而油膩的高脂肪類食物，就需要數小時才能完全消化。進一步來說，你會越來越明顯地感覺到：在進行冥想時，某些食物有助於大腦的清晰與放鬆；相反地，另一些食物則會引起各式各樣的干擾，某些種類的食物會讓你變得煩躁不安、情緒緊張；另一些則會讓你在冥想時昏昏欲睡，身體感到沉重。隨著不斷嘗試自己對食物的反應，你會逐漸掌握哪些會影響到你的精神狀態。

冥想並不需要你成為素食主義者。事實上，如果你不懂得如何安排均衡的素食，飲食模式的突然改變會導致許多問題。因此，要溫和地對待自己。營養均衡的素食，包括：新鮮的水果、乳製品，烹飪得當的蔬菜、穀物和脂肪含量低的豆類。如果你決定改變飲食習慣，可以參考如《素食變革》（*Transition to Vegetarianism*）[4]這類書籍尋求幫助。

食物和飲品會強烈影響冥想的深度。隨著練習的不斷深入，食物（以及許多其他事物）對你的吸引，會逐漸轉往更健康的方向，你會越來越善於觀察它們帶給你的微妙影響。許多習慣大量飲用咖啡、茶和其他含咖啡因飲料的人開始注意到，這樣的飲品會帶來身心的躁動。關於食物如何影響冥想和覺知的話題非常重要，完全可以寫成一本書。下面是一些基本的建議：

- 大量食用肉類後，要過三到四個小時再進行冥想。
- 關注你的飲食內容，以及它對你當日冥想的影響。

・選擇新鮮、健康、易於消化的食物，可以使你的思維清晰且身心平和，這對冥想來說至關重要。

另外，你很快就會注意到，酒精及其他易導致情緒發生波動的毒品、麻醉品，會嚴重干擾冥想。沒有任何一個真正理解冥想的人，會認為毒品有助於達到更深層的冥想狀態，因為它們會讓身體躁動，讓心念分散。而酒精則會製造一種遲鈍嗜睡的狀態，給冥想造成障礙。大多數人發現，伴隨著自己在冥想中體驗到的穩定感的增加，這些物質對他們的吸引力也慢慢降低了。

睡眠與飲食一樣，對冥想有著顯著的影響。睡眠嚴重不足會讓你在練習時昏昏欲睡，難以保持清醒。但睡眠過多同樣會破壞冥想，使人無精打采、昏昏沉沉，無法集中注意力。

睡眠是一個有意思的過程，你在練習冥想時對它進行觀察，會很有趣。大體來說，隨著練習品質的提升，睡眠的需求會降低，因為冥想為身心提供了更深度的調養。冥想對你而言會變得日益重要，你將渴望找到合適的時間進行練習，好讓自己能保持清醒和覺察。冥想會漸漸成為你日程中最重要的事情，食物、睡眠和其他活動，都會支持而非阻礙你的冥想。

注釋

1. 《瑜伽：基礎精通》（*Yoga: Mastering the Basics*）是由桑德拉・安德森（Sandra Anderson）和羅爾夫・索維克合著的一本講解瑜伽體位法、呼吸、放鬆、冥想、生活方式和哲學基礎的綜合性介紹書籍，適合瑜伽入門使用。
2. 攤屍式（Shavasana）：仰臥放鬆的姿勢。在瑜伽中是非常重要的休息體位法。
3. so hum 是一種可以配合呼吸的梵咒，它的內涵為「我即它」。
4. 《素食變革》（*Transition to Vegetarianism*）是由魯道夫・巴倫坦（Rudolph Ballentine）所撰寫的一本關於素食主義的書籍。書中為想要改變飲食習慣的素食主義者，提供了最有效益的飲食改變方案，並探討了一系列健康和飲食之關係的話題。

Chapter 3
冥想姿勢

冥想是一種簡單的技巧，幾乎所有人都能掌握並從中受益。正如前文所介紹的，只要以放鬆、穩定的姿勢，安靜、舒適地坐好，就可以開始進行冥想。身體要靜止下來，呼吸保持平穩，心念平靜而專注。

我們將在接下來的三章中詳細介紹冥想過程的三個方面：第一，如何擺放身體，才能讓它在舒適的前提下維持穩定；第二，培養平穩呼吸習慣的重要性及實踐方法；最後，如何讓心念平靜，使它專注於某一焦點，以便進行練習。這三方面將引領覺知從最外圍的生理層面，到達最精微的內在層面。接下來，我們首先介紹冥想過程中身體的姿勢。

高品質的冥想姿勢，要求身體必須靜止、穩定、放鬆、舒適。如果身體移動、搖晃、抽搐或疼痛，就會干擾到練習。某些人誤以為冥想時必須採用複雜的蓮花坐，雙腿交盤。但事實卻非如此。良好的冥想姿勢只有一個前提條件，那就是你必須將頭部、頸部和軀幹保持在一條直線上，以便自由地使用橫膈膜進行呼吸。

在所有的冥想姿勢中，頭部和頸部都必須保持中正。這就意謂著：脖子不能彎曲，歪向一邊；頭部也不能過於前傾，而應由頸部支撐，垂直於肩膀。這樣做的目的，是避免給頸部和肩膀造成壓力。臉部應朝向正前方，輕輕地、自然地閉上雙眼，但不要緊閉，否則會給眼部造成壓力。

遺憾的是，有些老師會教導學生將內在的凝視點置於額頭中央，但這麼做會導致眼部肌肉產生緊張，甚至引起頭痛。在瑜伽中，確實存在著某些特定的「凝視」練習，但在冥想時並不需要這麼做。冥想時，臉部肌肉只要放鬆即可，輕輕閉上雙脣，不要給下巴帶來壓力。整個過程都應該使用鼻子進行呼吸。

在冥想的過程中，要保持雙肩和手臂的放鬆，將它們優雅地搭放在膝蓋上。你的手臂要徹底放鬆，如果此時有人抬起你的手，你的手臂應該是自然下垂的。

輕輕地讓拇指和食指相碰並形成「手印」（Mudra[1]，見圖1）。這個手印形成了一個小圓圈，你可以把它想像為內在能量循環的一條小路徑。

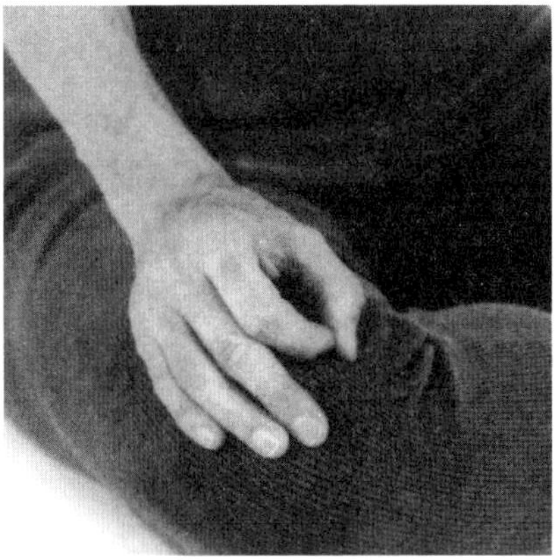

圖1：手印

冥想坐姿

許多坐姿都能夠在舒適的前提下保持脊柱的垂直，而不需要盤腿或製造其他不適。事實上，冥想中最重要的一點，就是完全地挺直脊柱。相較之下，手臂和雙腿的擺放位置，就顯得無關緊要了。達到這一要求的最簡單坐姿，稱為「高位坐」。

高位坐（Maitri Asana）

在高位坐中，你可以舒適地坐在椅子或長凳上，雙腳平放於地面上，雙手搭放在大腿上。這個姿勢適用於所有人。那些身體不夠靈活或不習慣坐在地面上的人，都可以使用這個姿勢進行冥想，它不會給身體帶來任何困擾。

簡易坐（Sukhasana）

如果你的身體比較柔軟，也可以選擇另一種坐姿：簡易坐（見圖3）。這種坐姿需要你坐下來並交叉雙腿，如圖所示，兩個腳掌都放在另一側膝蓋下方的地板上，膝蓋則輕放在相對應的腳上。最好坐在折疊起來的厚實

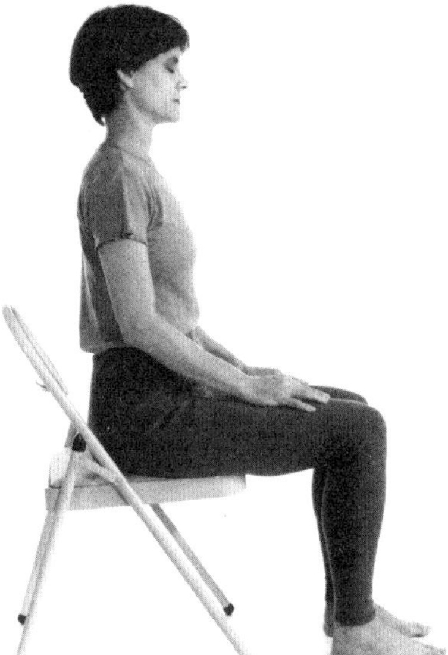

圖2：高位坐

毯子上（見圖4），這樣可以保護膝蓋和腳踝不致承受太大的壓力。

如果雙腿不夠靈活，或大腿肌肉比較僵硬，膝蓋離地比較遠，將墊子或毯子折疊起來放在臀部下方，可對此有所幫助。先做幾個伸展動作進行熱身，會使身體較靈活，也會讓坐姿更為舒適。無論選擇什麼樣的坐姿，都要經常進行練習，不要總是半途而廢去嘗試新的姿勢。持之以恆地使用同一種坐姿，日積月累，你會發現它越來越穩定和舒適。

圖3：簡易坐

吉祥坐（Swastikasana）

如果能自如地使用吉祥坐（見圖5）進行冥想，你將從中獲益匪淺。對於那些雙腿足夠靈活的練習者，這種坐姿比簡易坐更適合長時間的冥想。因為它的根基部分比簡易坐更寬廣，可以讓身體重量均勻地分布在地面上，減少了移動或搖晃的可能，因此更穩定。

圖4：將毯子墊在臀部下方，可以使坐姿更舒適

如圖所示，在吉祥坐中，雙膝直接放在地板上，而不是像簡易坐那樣放在雙腳上。這樣做的好處之一就是：對一部分學生而言，它減輕了腳踝承受的壓力。

這個坐姿的要領是：首先，舒適地坐在冥想座位上，彎曲左膝，將左腳放在右大腿內側，腳掌抵住右大腿內側肌肉；下一步，彎曲右膝，把右

圖 5：吉祥坐

腳輕放在左小腿上，右腳腳掌抵住左大腿內側肌肉，將右腳的腳趾插入左大腿和左小腿後側之間；最後一步驟，用手輕輕地將左腳腳趾勾放在右大腿和右小腿之間，這樣就能看到左腳的大腳趾了。

這個姿勢對稱穩定，有益於冥想。以上描述看起來可能有些複雜，但如果依照提示來完成，就會發現這個坐姿其實並不難。

其他建議

對入門者而言，由於雙腿還不夠靈活，在使用吉祥坐的初期可能會感到不適。但事實上，只要能保持身體穩定，不晃動、不搖擺，你完全可以選擇任何雙腿交叉的姿勢，或者使用前面介紹的高位坐也可以。在這裡，我們必須再次強調：比起雙腿的位置，更重要的是擺正頭部、頸部和軀幹的位置，保持脊柱挺直。

有些學員喜歡比較各自對高階坐姿的掌握程度，在身體還沒準備好的情況下就使用它們，往往會導致不良後果，因為他們的肩膀在此時往往是拱著的，會造成脊柱的彎曲。不要養成這種習慣，這會導致生理不適，阻礙呼吸，並且影響身體中精微能量在通道中的運行。這些問題在深入的冥想中，都會有舉足輕重的影響。

現代人的身體姿勢大多趨於不良。童年時期養成的行、住、坐、臥的不良習慣，對此有很大的影響。它們會使支撐脊椎的肌肉得不到完善的發育。隨著年齡的增長，人們的脊柱開始彎曲，身體也會逐漸變形。因此，在初次進行冥想時，你很可能會感受到自己背部的肌肉虛弱無力，坐下來幾分鐘後就會有前傾的趨勢。

其實，這種情況很快就能得到改善。只要在日常生活中多注意自己的動作，一旦發現有姿勢不端正的情況，就立即調整，那麼長此以往，背部肌肉就會開始發揮它本有的功能。某些哈達瑜伽體位法，如眼鏡蛇式、船式、弓式和嬰兒式，都有助於強化背部肌肉，使脊柱獲得支撐。

有些身體條件受到限制的學生詢問：是否可以採用後背靠牆的坐姿來進行冥想？在初期，為了形成正確的直立坐姿，你可以這樣做，以便檢查自己的脊柱是否挺直。不過，依賴於外部力量是不正確的。因此，你從一開始就應該付出努力，盡量堅持練好獨立坐姿。可以讓朋友幫忙檢查，或是自己用鏡子查看。

如果你的脊柱挺直，用手掌沿著脊柱上下滑動時，是不會摸到突出的脊椎骨的。

其他冥想姿勢

有一些姿勢被認為是適合冥想時使用的。我們簡要地介紹如下：

雷電坐（Zen Sitting Position）

若有些人的臀部或膝蓋已經出現問題，要盤腿坐就比較困難。他們或許聽說過一種坐姿：將身體跪坐在雙腿上，臀部放在腳踝上。這就是雷電坐。遺憾的是，以這種姿勢直接坐在地板上，會過度伸展足部和腳踝，給肌肉或神經造成損傷。如果你偏愛這種坐姿，最好使用市售的木製禪凳，這樣就可以直接坐在凳子或冥想座位上，移開踝關節和雙腳上的重量。這個姿勢還有一些其他缺點：對於長時間冥想而言，它不夠穩定，身體容易搖晃或倒向一邊。但對一部分學生來說，身體的局限會使雷電坐成為他們的最佳選擇。

至善坐（Siddhasana）

傳統上，至善坐（又稱勇士式）是教給高階學員的，不推薦大多數人使用（見圖6）。這是因為至善坐與蓮花坐一樣，對身體的要求比較高，必須坐成特定的姿勢，才有助於冥想。如果你還沒有能力完美自如地使用這個姿勢，不但不能從中受益，反而會給自己製造麻煩。我們從來不向初學者或耽於世俗生活的人，推薦這個姿勢[2]。

但是，高階瑜伽修行者和那些決定過更深入的冥想生活的人，應該逐步掌握這個姿勢。而那些決心達到三摩地的人，則應該在冥想期間採用此姿勢。高階冥想練習者會透過至善坐來達到自己的目標：當他能夠保持這個姿勢超過三個小時且沒有疼痛感時，就達到了體位成就（Asana Siddhi）[3]。沒有基礎的初學者，沒必要採用如此難受的姿勢，這會導致肌肉和韌帶的拉傷。

至善坐的要領是：先做根鎖法（向內收縮括約肌）[4]；然後，將左腳放在會陰（肛門和外陰之間的區域）處，將右腳跟放在生殖器官上方的恥骨位置；調整雙腳和腿的位置，使兩個腳踝擺放在一條直線上，或將它們

圖 6：至善坐

上下相疊；把右腳腳趾放在左大腿和左小腿之間，只露出大腳趾，輕輕地將左腳腳趾拉到右大腿和右小腿之間，也只露出大腳趾；雙手放在膝蓋上。

再次強調，除非能夠得到直接的指導，我們不推薦這個姿勢，因為練習不當會出現許多問題。傳統上，這個姿勢只教給出家的男性僧人。但是，認為只有男性才能使用這個姿勢的想法，是不正確的，女性冥想者和女尼也會練習這種坐姿。

蓮花坐（Padmasana）

與至善坐一樣，我們一般不推薦大家使用蓮花坐進行冥想。因為除非能準確練習，否則它不會有任何益處。事實上，基本沒有人能夠完全準確、舒適地使用蓮花坐，因為處於這種坐姿時，很多其他重要的練習都很難實現，這些練習也稱為「鎖印法」（Bandhas）[5]。

在大眾的印象中，蓮花坐與瑜伽緊密相連，蓮花本身是瑜伽生命的象徵——生活在塵世卻不受其影響，就像蓮花出淤泥而不染。不過，高階瑜伽士和冥想者一般只使用至善坐。

現在，蓮花坐僅做為練習來使用，它可以使下肢變得靈活柔韌，但不要用它來進行冥想。對於大多數學生而言，這個坐姿會使身體非常不舒服，無法集中精力。由於疼痛和不適會妨礙大多數學生達到冥想狀態，所以我們建議選擇其他穩定舒適的坐姿。

總之，對於大多數人而言，選擇前三種坐姿中的任何一種，都能讓他們獲得持續的進步。持續使用同一種坐姿進行冥想，就會感覺這個姿勢越來越舒服、牢固和穩定。

使坐姿更舒適的建議

把折疊的毯子或墊子放在地面上提供緩衝，坐起來會比較舒服。接著，可以把厚墊子或枕頭放在臀部和髖部的下方，達到抬高的效果，能夠減少髖關節和膝蓋的壓力。這麼做的效果會令你感到吃驚——在臀部下方墊厚墊子，更容易使脊柱保持在一條直線上。此外，冥想座位應該穩定，不能過於堅硬，也不能晃動。但座位也不要墊得太高，否則會影響身體的位置。

在舒適的前提下，當身體越來越靈活，你可以把墊子墊得薄一些，直到最終能直接坐在地上。但姿勢的重點仍然在於挺直脊柱不彎曲，否則會對坐姿造成不良的影響。在練習初期，有些人只要沒有墊上厚墊子，就很難將脊柱保持在一條直線上。不要著急，慢慢練習，就會逐漸發現自己的身體越來越靈活，最終可以舒適地坐更長的時間。

伸展運動和哈達瑜伽體位法可以讓身體更加柔韌，使你在冥想時更加舒適。可以參加哈達瑜伽的課程，或者參閱《瑜伽：基礎精通》獲取進一步的說明資訊。

另外，我們不建議躺著冥想。其中最重要的一點是：大多數人躺著的時候，很快就會睡著，難以保持清醒或覺察。顯然，如果你打瞌睡或睡著了，就無法繼續進行冥想了。

更微妙的原因在於：在深層的冥想中，將脊柱保持在一條直線上是非常重要的，這樣才能夠使某種精微的能量自下而上貫穿全身。某些冥想進階書籍詳細探討了這個精彩的話題，比如《光與火之路》（*Path of Fire and Light*）[6]。

譯注

1. 手印（Mudra）：手指的某些特定姿勢，用來深化冥想。
2. 瑜伽中的某些流派認為長期採用「至善坐」練習會影響人們的性能力，故有這樣的說法。
3. 體位成就（Asana Siddhi）：Asana 指「體位」，Siddhi 也是佛教中會用到的詞，意為「成就」。這裡指的是姿勢、體位的完美狀態。
4. 根鎖法是腳跟抵壓會陰，收縮肛門，向上提升下行氣的練習。主要是使下行氣向上運行的作用，一般在老師的指導下進行練習。
5. 鎖印法（Bandhas）：Bandha 本身是「鎖」的意思，指身體內在的收縮或緊鎖。鎖印法一般用於停止或引導普拉那能量。
6. 《光與火之路》（*Path of Fire and Light*）是斯瓦米．拉瑪的另一套書，分成上下兩冊，主要介紹瑜伽進階階段的知識與練習。

Chapter 4

冥想、心念、梵咒

在掌握了冥想坐姿之後，你可能會迫不及待地想瞭解：我們需要在精神層面做什麼？怎麼樣才能開始冥想？我們是否需要思考特定的事物，還是完全清空心念？我們應該讓心念隨波逐流，使聯想自動浮現嗎？但實際上，這些都與冥想無關。

前面提過，即便我們針對相同的啟迪心靈的理念（例如「平和」）來進行探討，思考與冥想也是兩個不同的過程。試圖在冥想中對心念進行管控是徒勞的，那只會讓你產生挫敗感。心念會反抗對它的任何控制。渴望達到某種狀態的想法，對冥想也不會產生幫助。最好的辦法是：在關於冥想應該是怎樣的或希望達到什麼目標的問題上，不要給自己任何壓力。精彩之處在於，你越減少與自己的對抗和壓迫，就越容易放鬆和安靜下來，而冥想的真正提升就會在這個層面體現。

同樣的道理，嘗試清空心念也不會成功。心念的本性就是：不斷地變化，不斷地處理記憶、進行聯想並接受新的資訊。事實上，它唯一接近於靜止的時刻，就是在無夢的深度睡眠中。其他時間，心念就像沒有拋錨的遊船一樣，飄浮在腦海中的各個角落。

鑑於以上精神活動的過程，許多冥想體系會透過將心念集中在某物或進行某種短暫刺激的方式，來使它獲得平靜與專注。我們的目的不是清空心念，而是賦予心念一個焦點，讓它安靜下來。在大部分的冥想體系中，一個詞、一組短語、某個聲音或符號，都可以用來將心念集中在一點上。有些冥想傳統偏好使用視覺符號，而我們的派別則強調使用梵咒，也就是用以引導心念集中的詞彙、聲音或短語。

專注對冥想來說非常重要。當我們使用「專注」這個詞的時候，有時會指仔細思考或者反覆分析時所要付出的努力，這甚至聽起來都是一個讓人感受到壓力的過程。但我們在這裡所講的「專注」，絕不意謂著努力、緊張和精神壓力。它指的只是注意力的集中，與其渙散是相對應的。專注的意思是，你在保持警覺的同時又是放鬆的。當你已經放鬆下來，感到很舒服，在這種時候集中注意力，似乎就不是一件困難的事了。如果你不能做到專注，代表你對心念之流的引導能力受到了損害。許多瑜伽練習都有助於培養專注力，我們會在後面詳細介紹其中的一部分。而現在我們僅需要瞭解，「專注是冥想的基礎」即可。

許多冥想體系都使用梵咒。我們在前面提到過：Amen、Shalom 和 Om 都是梵咒。在我們的傳承中，梵咒主要是用心去聆聽的，而不是用耳朵去聽。它來自內在而不需要被大聲地念出來。梵咒是一個特殊的學科和研究領域，在瑜伽的傳承中，這些聲音不會被隨意、草率地使用。梵咒是特殊的聲音，具有獨特的性質和效果，不是任何詞語都能成為梵咒。

聲音的自我振動沒有任何意義，只是振動而已。當它波及具體物質時，這些振動就會創造出形象，而形象則是有名稱的。事實上，所有的形狀和名稱都源於聲音的純振動。某些在安靜中振動的聲音，對整個人類會產生強大而有益的影響。古代的聖賢們投身冥想，聽到那些源於內在的聲音，使它們成為我們現在所使用的梵咒。這些特殊的聲音對不同的冥想者有不同的作用。因此，從一位真正具備資格的老師那裡得到某種梵咒的傳授，就彷彿從藥師那裡得到了針對自己的處方一樣。

梵咒包括了各種聲音、音節和詞彙。同一個梵咒，對不同的人會發揮不同的作用。它的效果經由冥想者產生的內在感覺所傳達。這種感覺並不是來自梵咒的字面含義，而是源於聲音本身的純粹振動。求學者會讓老師所教授的詞語或梵咒，成為他們生命的一部分。

很多學生都試圖將梵咒與自己的吸氣和呼氣的節奏調整協調，但不是所有梵咒都能夠與呼吸相結合。其中有一些甚至會引起呼吸上的抽動，或產生某種破壞肺部活動的節奏，進而損害心臟和大腦。因此，不要讓梵咒去配合呼吸。可以與呼吸相吻合的梵咒有：**So Hum**（搜瀚）、**Om**和**Omkar**[1]，除此以外的其他梵咒都不能與呼吸相應。

只有經驗豐富、能力卓越的老師，才能夠教授梵咒；使用書籍來學習梵咒，不會有任何幫助。梵咒的技巧，應該由老師直接向學生傳授。只有受過正宗、傳統和完整培養的老師，才懂得如何傳達並正確地使用某個梵咒。如果老師的資格不足，就不能將正確的理解傳達給學生，那麼學生很可能無法從練習中獲得好處。歸根結柢，梵咒是一個強大的工具，一種持續的禱告。持續的禱告會帶來覺知，而持續的覺知則會帶來自我認知。

梵咒的知識在現代社會很難被人所理解，因為我們不相信表面上毫無意義的聲音，認為只有語言才能講出真理，才具有使用價值。但梵咒的作用是在更深的層面上。它的作用來自它振動的特質和聲音，而不是字面所表達的含義。意義是語言的一個屬性，而冥想的目的卻不是讓心念使用分析能力去理解語言的含義。它指向的是更深層次的自我體認。冥想和梵咒涉及的知識很精彩，感興趣的讀者可以進一步閱讀《梵咒的力量及啟蒙》（*The Power of Mantra and the Mystery of Initiation*）[2]，書中介紹了在冥想中如何使用梵咒的更多內容。

所有的聲音都有專屬的特性。有些令人心神寧靜，有些又讓人活力十足。而那些被我們稱之為「梵咒」的聲音，則幫助我們集中意念，達到遠遠超越思考的境界。雖然許多冥想體系都使用梵咒，但我們的傳承鼓勵學生在初始階段使用自然通用的「so hum」即可。它適用於絕大多數人，其使用要領是：在冥想時，先靜坐，讓呼吸安定下來，緩慢、平穩、均勻，然後用心去聆聽「so hum」的聲音。在吸氣時，聽到柔和的前半部分「so」，在呼氣時，聽到後半部分「hum」。你只需要靜靜地坐著，讓聲音伴隨著每次呼吸，周而復始，不斷重複，保持平靜。

以下是幾點注意事項：第一，梵咒只能用心來傾聽，不能大聲重複，不要使用嘴巴或其他器官發音。當梵咒不斷地自我重複時，你會發現心念分神的頻率越來越低。在日常生活的清醒狀態下，精神活動通常包括一連串的聯想、想法及感受。其中有些是刻意的或是有目標性的，有些則似乎僅僅是突發奇想。在冥想時，我們要讓心念的活動安靜下來，使其集中在「so hum」的聲音上。你會發現其他的想法仍舊會進入你的心念，而你的覺知也會轉向其他的思慮主題。當這些發生時，要允許自己目睹或不帶評價地觀察心念中的聯想，然後輕柔地將覺知重新安住在「so hum」上。

重要的是，不要在這一過程中引發思想上的對抗。當心念中升起其他想法時，你只需要看著它們，然後把心念帶回「so hum」即可，如此一來，你的冥想就容易進行得更深入。思想對抗、憤怒、自我評判，對練習都不會有任何幫助，反而會耗費更多精力。想法始終會不斷湧現，但只要你以中立的態度看待它們，不製造任何內在衝突，大多數想法都會自行消失。「目睹」不同於對想法的壓制。冥想的目的，不是為了編造特定種類的想法進入意識。如果這些想法出現，只要注意到它們的存在就可以了，無需糾纏不休地進行強化。

還要謹記我們剛才提到的一點：並非所有的梵咒都能夠與呼吸配合。

事實上，你的目的不是要持續關注呼吸這個過程本身，而是要先讓呼吸平穩和放鬆下來，緊接著就放掉這個念頭。大部分的梵咒都無法與呼吸的節奏相吻合，如果你強迫去跟隨呼吸的起伏，只會讓自己分心和被打亂。儘管如此，通用梵咒「so hum」卻幾乎對每一個練習者都是有效的。

隨著冥想的進步，你會希望從具備資格的老師那裡得到自己的梵咒，用來進一步深入練習。這一點同樣很重要。這些訓練應該由資歷深厚的老師一對一傳授，而不是從書本上學習和練習。梵咒的確有強大的功能，但只有當練習符合學生的實際水準時，學生才會從中受益。這取決於老師在這方面的資歷和水準。

「so hum」與其他所有梵咒一樣，影響力來自於它的發音。雖然我們可以將「so hum」的字面意義翻譯成「我即它」（我的內在與宇宙意識的結合），但它的影響卻不是來自這兩個詞的文字含義，而是源於聲音自身的效果。它能幫助心靈安穩下來，使其最終超越聲音，感受到內在的靜謐。

某些時候，具有宗教背景的學生可能會擔心自己的梵咒源於異教。我們在前文介紹過，有許多傳統都會使用到梵咒，但其本身並不是一個宗教過程。一位具備資格的老師可以幫助你進行練習，使心念不產生反抗與衝突。「so hum」不屬於任何宗教，它是一種純粹的技巧，幫助你的心念安靜、集中。

一開始，在你只能進行幾分鐘的冥想時，會發現心念非常容易渙散，並且喧鬧不息。儘管如此，一旦開始注意飲食，關注呼吸狀態及時時覺察意識受到的影響，你就能讓心理和身體都安定下來，心念混亂和分神的頻率也會逐漸降低。隨著冥想時間的延長，你還會感受到心念的運轉速度慢下來，它會伴隨著冥想的進步而變得更穩定。在第5章〈呼吸練習〉中，我們將詳細探討精神上的寧靜與呼吸過程之間的關係。

總之，冥想的實際操作很簡單：靜坐，將呼吸調整均勻，讓心念平息下來；關注身體內部默念的梵咒，當心念飄離時便將它帶回來。這個過程聽起來很簡單，但是想要完成還是有挑戰性的，因為心念很靈活，總是保持一定程度的內在混亂。當我們開始練習冥想之後才會覺察到，我們的精神世界有多麼混亂嘈雜。冥想的目標就是讓這些噪音自己安靜下來。在某種意義上，我們要放下那些製造衝突和心理混亂的事物。

冥想進階對許多人來說很重要。大多數活動中，我們可以透過觀察外在現象來確認自己的進步。例如，我們發現自己可以走路走得更遠、更快或持續更長的時間。但冥想的情況則不同：我們不能將長時間坐著與有意義的進步完全等同。因為有時我們或許坐了很久，但心念仍是渙散的，起伏不定且毫無平靜可言。

正因為沒有可靠的方法，可用來判斷冥想的進步程度和冥想方法的正確性，使一些人成了受害者。他們認為冥想會帶來超乎尋常的結果——如果進行得順利，會獲得神奇的精神體驗，比如幻覺、光和顏色。但真實的情況卻很簡單：隨著冥想的進步，你只會獲得穩定和靜謐的感受。冥想並不需要出現超乎尋常的現象。

有些人可能會在冥想過程中出現生理反應，比如疼痛、抽搐或其他症狀。不要誤以為這是深層意識的體驗，相反地，它們通常代表身體、心理或情緒上出現了緊張。無論有什麼不尋常的體驗，我們都鼓勵學生順其自然，將注意力放在梵咒上，循序漸進地步入自己深深的內在本性之中。

當冥想變得更加深入，還會有某一些體驗讓你分心。觀察那些干擾心念的事情，一般而言，愉悅、幸福的感覺基本上不會帶來問題，而負面的情緒和欲望則會占據你的注意力，讓心念不斷進行思考。

這時，你會開始感受到，自己的各種想法和對這些想法的覺察，造成了你內在的平靜或混亂。你會越來越明顯地意識到，哪些體驗有助於冥想，哪些又會給冥想帶來困擾。這就開啟了覺察和精神發展的新領域。你會把這些經驗運用到生活中：不再總是給心靈添加不快，或是白白浪費精力。對於冥想的準備而言，保持平靜與和諧是非常寶貴的。

就某種意義上來說，無論是在心靈的有意識層面還是無意識層面，冥想者都是一個內在的探險者和觀察者。他們研究心靈在意識領域和無意識領域的反應和過程。冥想者探索內在，提升自己的內在智慧用以抵抗外在世界。冥想能幫助我們理解心靈的所有功能：記憶、專注、情緒、推理、直覺。練習者會開始懂得如何協調、平衡和提高這些能力，並將自己的潛力發揮到極限。冥想讓我們超越日常狀態的心念，達到意識的最高境界。

當你開始感受到冥想給身體、心靈，甚至整個人的性情都帶來益處時，你很可能會對這一體系的高階練習產生興趣。如果你誠摯且認真地練習，肯定能察覺到許多漸進的變化。不要因為不耐煩、懶惰就放棄冥想，只要持續練習，就會不斷地進步。

譯注

1. Omkar 基本上相當於 Om，兩者區別不大。
2. 《梵咒的力量和啟蒙》（*The Power of Mantra and the Mystery of Initiation*）是潘提特・拉伽瑪尼・緹昆特（Pandit Rajmani Tigunait）所寫的關於梵咒啟蒙的一本書，介紹了如何使用梵咒達到平和及提升自我的目的。

Chapter 5

呼吸練習

對呼吸的覺知是冥想練習的精華部分，但初學者經常誤解或低估它的作用。有些冥想學院傳承深遠，那裡的老師會先讓學生進行呼吸覺知的訓練，然後才教授冥想的進階技巧。在練習中，學生首先要對身體的抽搐、微顫和擺動保持覺察，學會讓自己的身體安靜下來，然後再開始呼吸技巧的練習。這些可以幫助練習者有意識地控制身體、氣息和心念。

所有瑜伽中的呼吸練習，都是調息法領域的一部分，它們可以幫助我們有效地調節肺部的活動。事實上，呼吸系統、心臟、大腦和自主神經系統，都要依靠著呼吸的調節才能正常地運作，要是這些生理過程不和諧，就會阻礙冥想的進步。調息法（**pranayama**）這個單字的詞根，是**prana**（普拉那），意思是「初始能量」（**the first unit of energy**），這是人類自身更為微妙的一層能量，它將身體與心靈連接在一起，並協調著身體的所有機能。練習調息法，可以平衡並引導普拉那能量的流動，對我們的健康具有重要的作用。

當生活中出現緊張的情緒時，我們很可能會立即發現呼吸過程發生的變化，以及它給身體所帶來的影響。在人們感到震驚或驚訝時，會無意識地屏住呼吸；而感到焦慮、承受壓力時，呼吸則會變得短淺和急促。呼吸隨時反映了心念的狀態。

我們常常長期處於有壓力的生活中，這會使得呼吸短淺、急促，並進一步干擾身體、攪動心念。事實上，呼吸越短、越急促，就越不容易進行清晰的思考和保持冷靜。由此可見，呼吸過程對冥想的深度有著極為強烈的影響。

對於所有希望學習高階冥想技巧的學生而言，掌握呼吸領域的相關知識和調節方法，是非常重要的。當我們能夠在安靜之處舒適、穩定地坐下來，不再受到身體緊張或顫動打擾時，我們就會注意到，呼吸存在著以下四種不規律的情況：呼吸太淺，呼吸聲音太大，吸氣與呼氣之間間隔過長，以及呼吸的起伏不定。這些問題會干擾心念的活動，阻礙注意力集中。只有消除它們，才能進入更深層次的冥想。

在古老的冥想傳承中，確定學生已經達到身體穩定和呼吸安靜之後，老師才會傳授進階的技巧。靜坐仍然很重要，因為身體的搖擺越少，心念就越穩定。一切動作、姿勢、顫動和抽動，都源自未經訓練的心靈。當我們觀察自己的行為時，會發現沒有任何一個動作或姿勢能獨立於心念而存在。心念先行，身體才會跟上。身體動得越多，心念也就越分散。

呼吸的科學

呼吸是身體與心靈之間的橋樑。吸氣和呼氣就如同「生命」這座城市的兩個哨兵，伴隨著我們的想法和情緒，隨時發生變化。呼吸是核心能量普拉那在體內遊走的途徑。

先知們觀察到，呼吸就像晴雨錶一樣，記錄著心靈的狀態及外部環境對身體的影響。例如，它的狀態可以預示疾病的出現與否。瑜伽科學的奠基者帕坦迦利闡釋道：我們可以透過呼吸技巧的練習，使心念獲得安靜與協調。當練習者能夠達成一種舒適又穩固的坐姿後，接下來的重要一步就是對呼吸的覺知了。它能使心念專注、愉悅。氣息自由、平穩地在鼻腔中流動，會使心念達到一種愉悅、平靜的狀態。我們需要這種心理狀態，才能使心念流動到更深層次的意識。如果心念不能達到愉悅狀態，就不能保持穩定，而不穩定的心念並不適合冥想。

當我們開始隨著呼吸進行冥想時，可以觀察到剛才說過的四個情況：呼吸太淺、起伏不定、聲音太大，還有最常出現的吸氣與呼氣之間間隔過長的問題。這些阻礙性問題在冥想文獻中有許多記載，而在練習中，我們會更深刻地認識到改善它們的重要性。冥想伴隨著氣息的流動，而呼吸中出現的抽動、不穩定，與心念分散是相對應的。因此，掌握調息法是非常重要的，它有助於解決這些問題。

那些不練習調息法的人，當然可以進行冥想。但若沒有對呼吸的覺知，就無法達到深度的冥想狀態。呼吸與心念是相互依賴的。如果呼吸長短不一、起伏不定，心念也就隨之渙散。在坐姿穩定之後，呼吸的覺知可以自然地將我們引領至平靜之中。它會強化心念，使注意力更容易轉向內在。對於初學者，我們建議要對呼吸進行關注，這是使冥想得到深化的最簡單、自然，也是最重要的一步。

準備學習冥想進階技巧的練習者，會意識到呼吸覺知的重要性。當心念伴隨著呼吸開始浮現時，我們就可以感知到更深的內在，因為最深層的自我和宇宙的中心是連結在一起的，宇宙提供生命能量給所有生靈。只要身體透過呼吸接收到普拉那的核心能量，身與心的關係就得以維持。當這個連結被打斷時，心靈中有意識的部分將不再活動，身體與生命的內在構造產生分離。這種分離就稱為死亡。

呼吸覺知使我們體驗到意識的更深層次，遠遠超過了正常情況下意識的邊界。事實上，若脫離系統性的呼吸練習，我們就無法做到這一點。而這一過程的第一步就是培養對呼吸的覺知。

在日常的大部分時間裡，我們根本意識不到呼吸的過程。因此，身體姿勢穩定後的首要目標，就是將注意力轉向呼吸，觀察它是怎麼流動的，感覺其順暢性，找到它在身體中升起的位置，最後是對呼吸節奏的把握。

例如，有時你會意識到呼吸時嘴巴是微微張開的，或者是發現自己的呼吸急促、短淺、沒有規律、出現輕微的喘息聲。我們的目標是重建身體的自然呼吸模式——平穩的橫膈膜式呼吸。請參閱圖7和圖8。在這種呼吸方式中，整個過程都是安靜的，所有的吸氣和呼氣都通過鼻孔而非嘴巴來進行。如果你的呼吸急促、短淺，很可能是因為你只用胸腔進行呼吸，這意謂著呼吸是不夠完整和充分的，因為你只使用了肺部容積的一部分。而當我們能夠使用橫膈膜進行呼吸時，就能在吸氣時讓肺部充分擴張，在呼氣時完全清空肺部。

使用橫膈膜進行均勻呼吸時，呼吸會變得更有效率，而頻率則會緩慢許多，因為每次呼氣和吸氣都帶來了更多空氣和生命能量。不過，如果頭頸和軀幹沒有正確地擺放在一條直線上，橫膈膜式呼吸就無法落實。為了有助於理解，請參閱圖7和圖8。

事實上，你的肺葉能夠擴張並富有彈性。當它有效地吸滿空氣時，容量遠遠大於淺層的呼吸。肺部與腹腔被橫膈膜的橫向肌肉隔開，橫膈膜在其中上下移動：橫膈膜上行，肺部清空；橫膈膜下行，肺部充滿更多空氣。你無法直接觀察到橫膈膜的運動，但當你使用它進行呼吸的時候，吸氣時，肋骨下側會微微向外擴張，呼氣時，腹部會向脊柱方向運動。

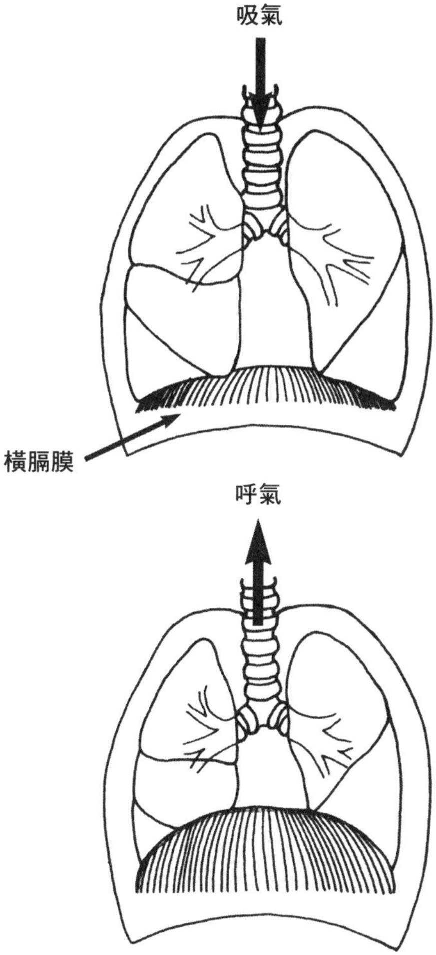

圖 7 & 8：橫膈膜在呼吸中位置的移動

如果坐姿是錯誤的，脊柱就會彎曲，導致無法保持呼吸順暢。你會不自覺地限制橫膈膜運動，使自己的呼吸急促而短淺。這也是坐姿之所以重要的一個原因。如果脊柱沒有保持在一條直線上，呼吸就不能順暢，而當呼吸過程受到干擾時，情緒就會變得焦躁不安。

練習橫膈膜式呼吸的第一步，是關注自己的坐姿，用直立的、正確的姿勢舒適地坐下，然後進行橫膈膜式呼吸。要注意呼氣和吸氣的長度是否相同。有些呼吸練習會刻意改變呼氣或吸氣的長度，大多數人在生活中也會無意識地這樣做，但這對身體是有害的。

重建平衡的呼吸模式，方法是：在心裡計算吸氣和呼氣的時間長度。但在計算呼吸長度時，你會發現，似乎每想到一個數字，都會造成呼吸的輕微停頓。因此，更好的方法是：在呼氣時，想像氣息在體內從上向下到達腳趾；在吸氣時，想像氣息從下向上到達頭頂。整個過程要平穩、順暢，不要出現停頓或不規律的呼吸。在平穩的呼氣結束後，再開始下一次吸氣，接著用這種方式持續進行下去。假如你在平時就開始關注呼吸過程，便可以糾正這些問題，在冥想時，呼吸就會自然地平穩、均勻。

接下來的一步也非常重要。許多人在呼氣和吸氣之間會屏住呼吸。這是一個極度不良的習慣，因為它會讓身體緊張並打亂正常的呼吸節奏，導致神經系統不平衡，以至於對心臟造成傷害。消除無意識的停頓或屏息，是一個重要的練習目標。整個呼吸過程應平順自然，沒有憋氣、抽動或感到壓迫。

在呼吸順暢、沒有壓迫和阻力時，它會自然而然地安靜下來。如果呼吸的聲音大，代表你用力量強迫了呼吸，或是你的呼吸通道裡存在阻礙。

以下這些特徵代表你的呼吸過程變得完美和精細了：呼吸深沉、均勻、安靜，有橫膈膜的參與，呼吸時長相等，在吸氣與呼氣之間、呼氣與吸氣之間均沒有停頓。這時，冥想就能進展到更深的層次了。

日常生活中的緊張和壓力，已經扭曲了呼吸的自然節奏，你必須有意識地重建正常的呼吸模式，要在冥想和每天的日常生活中關注這件事。儘管大多數練習者都不想聽這句話，但我必須告訴你，大約需要用四週的時間有意識地關注呼吸，在掌握橫膈膜式呼吸後，才能進行其他的冥想練習。

●改善橫膈膜式呼吸

有幾項技巧可以幫你改善橫膈膜式呼吸。先採用攤屍式平躺在地板上放鬆，然後將一隻手放在胸部上，另一隻手放在肚臍上，這時你很容易就可以分辨出自己是否在進行橫膈膜式呼吸：腹部隨著吸氣而上升，隨著呼氣而下降，你能感覺到肚臍區域在輕微運動，在橫膈膜式呼吸的狀態下，胸部不會產生很大的起伏。

你也可以用這個姿勢練習對呼吸的覺知。取一個大約三到五公斤的沙袋橫放在腹部上，只需要用攤屍式平躺，感受腹部的運動即可。這項練習能溫和地訓練橫膈肌。

採用腹部向下、趴在地面的鱷魚式（Makarasana），也可以幫助你感受橫膈膜式呼吸。在這個體位中，你的臉部朝下，雙腳腳尖向外分開，額頭放在交疊的前臂上，深呼吸。鱷魚式能讓你輕鬆地感受到腹部反覆接觸地板的動作。使用這個體位進行呼吸和放鬆，每天早晚各一次，每次五到十分鐘，這會幫助你養成橫膈膜式呼吸的習慣。一旦你能在俯臥時保持舒適的橫膈膜式呼吸，並在日常生活中持續保持它，那麼在冥想坐姿中，你的呼吸就會變得正常起來。

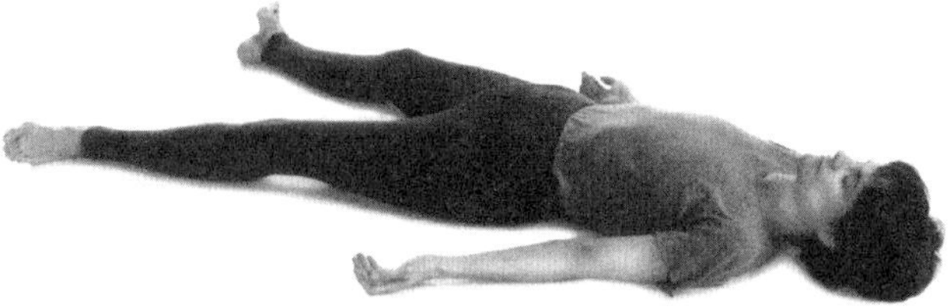

圖 9：攤屍式

圖 10：感受橫膈膜式呼吸

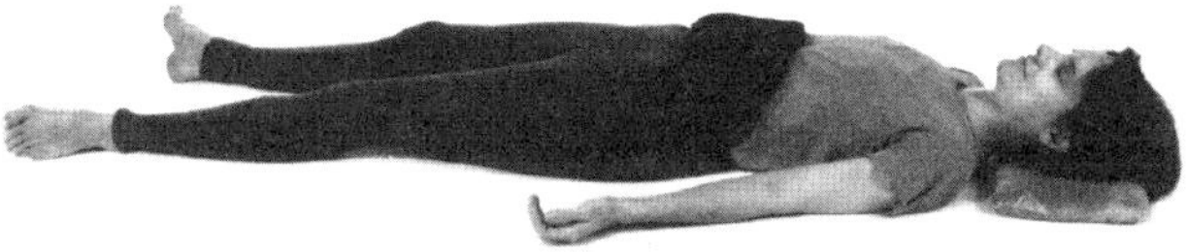

圖 11：使用沙袋

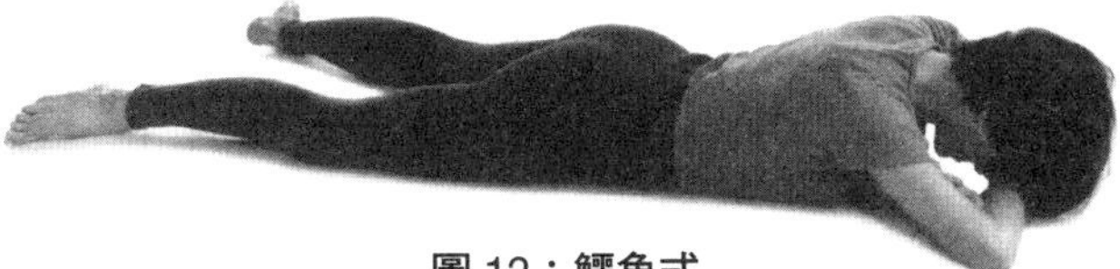

圖 12：鱷魚式

一比二呼吸練習法

當你能熟練地使用橫膈膜進行呼吸時，你會發現冥想發生了變化。這裡還有一些其他練習可以提供幫助，比如，一比二呼吸練習法能讓你放鬆，減少體內氣息的浪費，並使你更具活力與耐力。這個練習在坐著或走路時都可以進行，你會感受到它帶給你的活力。

練習方法是：讓你的呼氣時長是吸氣的兩倍。例如：你可以在呼氣時數到八，在吸氣時數到四，但不要屏息。讓呼氣與吸氣自然地流動，不要抽氣，也不要停頓。每天練習五到十分鐘，持續練習兩週，你會發現自己的精力更加充沛了。

調息法和神經系統

調息法與自主神經系統緊密相關。它可以平衡神經系統的功能，使這些平日無法感知的過程處於意識的支配之下。這些都是重要的冥想事前練習。如果你實踐並觀察過它們的效果，就會發現這能帶來極大的益處：身體更加平靜、放鬆，心也更加穩定了。

早在人們瞭解關於神經系統的現代醫學知識前，古代的瑜伽士們就已經注意到普拉那的能量流會穿過人體內的一些通道了。這些通道稱為「氣脈」（Nadis）[1]。氣脈不同於神經，而是比神經更為微妙的同類物質。氣脈的數量成千上萬，其中有三條在人體中扮演著非常重要的角色：中脈（Sushumna）[2]是中央通道，對應脊柱；左脈（Ida）[3]和右脈（Pingala）[4]分別與中央脊柱的左右兩側相關連。它們源自脊柱底端，左脈的終點在左鼻孔，右脈的終點在右鼻孔。一般來說，能量會輪流穿過這兩個氣脈而流動。許多調息法的練習目的，都在於讓普拉那能量從中脈向上流動，從而帶來愉悅安靜的狀態和更高水準的意識。

現代生理學研究已經證實了古代瑜伽修行者們的體驗：呼吸的主導流會在左右鼻孔之間交替轉換。儘管一般人對此會感到非常驚訝，但事實是：相對於另一個受阻的鼻孔而言，總是有一個鼻孔更加開放，在空氣通過的時候更通暢，這個鼻孔就稱為「積極鼻孔」或「主導鼻孔」，而另一個氣息不那麼通暢的鼻孔則稱為「消極鼻孔」或「被動鼻孔」。

對於健康人士而言，鼻孔的主導過程每九十分鐘到兩小時會交替一次，主導和被動的鼻孔互換角色。這個生理過程很有意思：當一側鼻腔通道的組織充血和膨脹時，會略微關閉通道；同時，另一側鼻腔的通道則會更加敞開，允許更多空氣進入。

要判斷哪一側鼻孔是活躍的，並不困難。只要慢慢地用鼻孔呼氣，將指尖放在呼氣流裡，能夠感受到空氣流動更強烈和容易的一側，就是此刻的主導鼻孔。

如果你覺得難以區分，還可以用一面小鏡子來檢驗。把鏡子放到鼻孔下方，注意凝結在鏡子玻璃上的蒸氣圖案，有一側圖案會大一點，對應的就是主導鼻孔。即便是在頭部嚴重充血時，我們的鼻孔也不會完全關閉。由於負責主導的鼻孔每九十分鐘就會交換，所以你過一會兒再檢查時，很可能會看到相反的結果。

根據瑜伽古籍，這只是呼吸的知識領域（Swarodaya）[5]中最基礎的部分，它是複雜、精準和精采的。如果你對這個奇妙的課題有濃厚的興趣，可以參閱其他書籍，如《呼吸的科學》（*Science of Breath*）[6]或《光與火之路》。現在回到主題，調息法練習的目的在於：對呼吸過程的自主控制。透過同時打開兩個鼻孔進行呼吸，產生愉悅、深入的心念狀態，進而推動冥想的進階。調息法中，最重要的一種練習稱為「淨化氣脈法」（**Nadi Shodhanam**）[7]，也稱為「鼻孔交替呼吸法」。

鼻孔交替呼吸法（淨化氣脈法）

鼻孔交替呼吸法有許多種模式，每一種都有特定的練習目的。從名稱上看就能知道，這種方法是在兩個鼻孔之間進行氣流的交換。它對於神經系統的安定極為有效，能夠淨化、平衡氣脈，使氣息在兩個鼻孔之間均勻地流動，達成清晰、靜謐的冥想狀態，還可以平衡自主神經系統的運行。

隨著對這個練習的掌握，你還可以練習它更精細、深入的模式，包括那些需要屏息的練習。但我們不鼓勵學生一開始就練習屏息。只有深入瞭解鎖印法和手印（Mudras）[8]之後，才可以進行屏息的練習。屏息只教授給高階學員。

鼻孔交替呼吸法很容易掌握。從初級到中級共有三種模式。在圖13至圖15中，每種模式都標示出了完整的一輪。選擇其中一種模式練習兩個月左右，直到完全熟練。然後可以加入或替換成其他模式的練習。最好選擇一種模式每天固定練習，不要輕易更換。

鼻孔交替呼吸法是以冥想直立坐姿進行的。需要在做瑜伽體位法和放鬆練習之後進行，也是冥想的事前準備。它需要每天至少練習兩次，早晚各一次。此外，中午也可以練習，但必須在午飯前空腹進行（注意：在中午的練習中，需要區分出主導鼻孔和被動鼻孔來進行，詳情請見圖13至圖15）。

鼻孔交替呼吸法的基本流程

選擇以下一種方式進行練習。

方式1

這是最完善的練習方法。人們通常會先選擇它來進行練習，並當作最主要的練習方式。但是它控制鼻孔的頻率最高，這對某些初學者而言，可能不是最合適的。

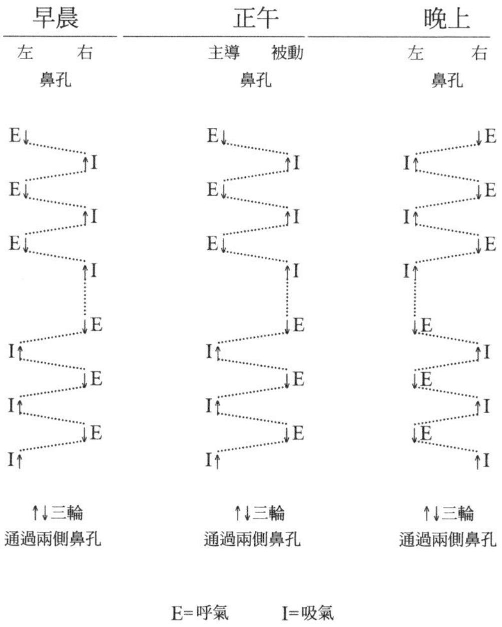
早晨
左 右
鼻孔
↑↓三輪
通過兩側鼻孔
正午
主導 被動
鼻孔
↑↓三輪
通過兩側鼻孔
晚上
左 右
鼻孔
↑↓三輪
通過兩側鼻孔
E=呼氣 I=吸氣

圖 13

方式 2

這個方式更容易記憶，也便於記錄。在這個練習中，鼻孔的交替與每次呼吸的完成是相對應的。

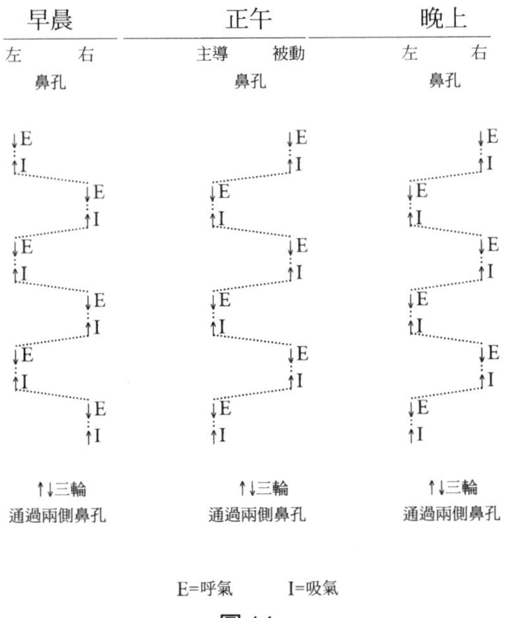

圖 14

方式3：

這個方式對鼻孔的操控最少，因此比較容易掌握。在初期，如果練習其他方法有困難，那麼它會是一個適宜的首選方案。

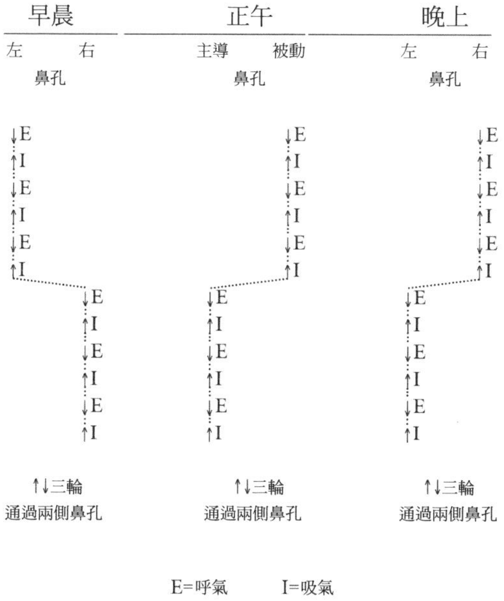

圖 15

練習步驟：

1. 採用冥想坐姿坐好，檢查頭部、頸部和軀幹是否在一條直線上，將脊柱擺正位置，保持呼吸順暢。

2. 選擇先用左邊鼻孔呼氣，還是先用右邊。這取決於在一天中練習開始的時間和你所選擇的練習方法（如圖13至圖15）。

3. 採用橫膈膜式呼吸。在這個練習中，呼氣和吸氣要等長，呼吸要順暢、緩慢、有控制。不要強迫呼吸，不要抽氣。輕輕閉上雙眼。

4. 用手輕輕地輪流關閉鼻孔。抬起右手，向掌心彎曲食指和中指，用大拇指關閉右側鼻孔，無名指關閉左側鼻孔。不要低頭去關注手部，使用拇指和無名指關閉鼻孔的力量不要過大。將拇指或無名指輕放在鼻子兩側，僅需溫和地碰觸即可。

5.在練習開始時，輕輕地關閉一側鼻孔，用另一側鼻孔柔順徹底地呼氣。

6.在呼氣結束時，根據你選擇的練習模式，柔順徹底地吸氣。吸氣和呼氣的時間長度應該相等，呼吸不要有強迫感。

7.繼續呼氣和吸氣，直到完成你所選模式的一整輪。然後用兩側鼻孔深入、順暢地呼吸。

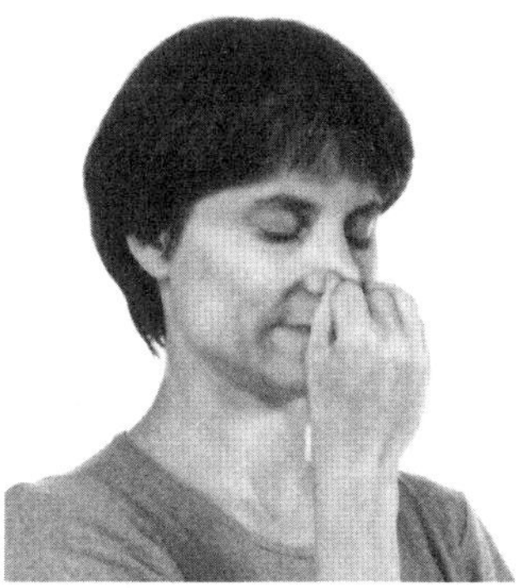

圖 16：鼻孔交替呼吸法

完成自己選擇的練習，並使呼氣和吸氣都達到順滑、平穩、安靜時，你會發現呼吸的時間長度增加了。若要取得進步，就要讓呼吸的過程更加緩慢、順暢，讓心念更加專注。若能做到這一點，就可以進入下一階段的練習了。

中級鼻孔交替呼吸法

在中級階段，學生應該練習三輪鼻孔交替呼吸法，在每輪結束後，可以使用兩側鼻孔同時進行三次呼吸，使呼吸恢復自然的內在節奏。根據個人需要，呼吸次數也可以是三次以上。（注意：在使用一種練習方法完成三輪後，接下來的第二個三輪應該從與前面練習的相反側鼻孔開始，每三輪交替一次。）

隨著練習的進步，你會渴望給予調息法更多的時間和關注。呼吸的過程要時刻保持順暢、均勻。不要強迫自己做那些會感到不適的事情，在練習中不要強迫呼吸。要記住，目標是讓呼吸精細、安靜、順滑。

一比二呼吸法和鼻孔交替呼吸法可以每天練習兩次，而在完成哈達瑜伽體位法的練習之後，你還可以進行一些其他的呼吸練習。但是，屏息要由具備資格的老師來指導，老師必須已經練習過這個方法，並且訓練過學生使用鎖印法和手印。否則，這種對內在生命力的干擾將會造成呼吸紊亂，損害心臟、大腦和其他身體系統。

呼吸的練習方法有許多種。這裡只介紹了幾種精細的練習，可透過讓氣息在鼻腔內自由地流動，來幫助學生進入冥想狀態。這種打開呼吸的練習稱為「喚醒中脈」，它對於冥想的高級階段有著非常重要的意義。當中脈甦醒時，我們會產生一種獨特的澄明，這時心念會非常愉悅，而不再四處遊蕩。當這種喜樂的狀態融合在冥想中時，你就會抵達靜謐的彼岸。

譯注

1. 氣脈（Nadis）：Nadi本身意為能量通道，是身體的精細通道之一。
2. 中脈（Sushumna）：中央能量的通道或氣脈，從脊柱底部延伸到頭頂。呼吸練習的目的是打開中央通道，讓兩側鼻腔均勻呼吸。這樣心念就會達到愉悅的狀態，很容易進入深度冥想。
3. 左脈（Ida）：在脊柱帶流動的三大能量通道之一，控制左鼻孔的呼吸。
4. 右脈（Pingala）：在脊柱帶流動的三大能量通道之一，控制右鼻孔的呼吸。
5. Swarodaya：古老的呼吸科學，聖者借此領略到人類的本性以及更為精細的能量。
6. 《呼吸的科學》（*Science of Breath*）是斯瓦米・拉瑪、魯道夫・巴倫坦、艾倫・海姆斯（Alan Hymes）合著的一本書，主要介紹瑜伽中的呼吸。
7. 淨化氣脈法（Nadi Shodhanam），字面含義是「淨化能量通道」的意思。它是一種高級呼吸控制法中，淨化能量通道的呼吸練習，能夠幫助我們形成緩慢、平穩的呼吸節奏，在吸氣和呼氣之間不要有停頓，進而讓心念安靜下來，掌控呼吸。它也叫做「鼻孔交替呼吸法」、「經絡清潔法」。

8. 手印（Mudras）：一種能夠代表心靈的體位或姿勢，一般是在老師的指導下進行練習。

Chapter 6
冥想進階計畫

這個冥想進階計畫源自古往今來聖賢們的經驗與實踐，許多真誠的練習者都曾從中受益。如果你渴望達到更高水準的冥想，可以遵循這個簡單的體系進行練習。

・確保每天在固定的時間坐下來，並形成習慣。
・養成良好的冥想坐姿。適合冥想的坐姿有簡易坐、吉祥坐、至善坐。選擇其中一種，固定用來進行冥想。你的身體會逐漸適應它。

第一個月的練習與目標

前一、兩個月應致力於養成穩定、舒適的坐姿。冥想坐姿必須穩定、舒適。「穩定」的意思，是身體能夠保持靜止，且頭部、頸部和軀幹都在一條直線上；「舒適」則意謂著身體不會感到不自在或困擾。墊在冥想座位上的墊子不能太高或太硬，也不能太軟或不穩固。

第一個月時，你可以使用背部靠牆的方法，來檢查自己的頭部、頸部和軀幹是否保持在一條直線上。但在這之後，就要採用獨立的坐姿，不依靠任何外部支撐。在木質地板上墊兩塊四折的毯子，可以做成一個理想的冥想座位。

在練習的第一個階段，可能會出現以下幾方面的困難。第一，身體可能會抖動、出汗或麻木；第二，臉頰或眼睛等部位，敏感的肌肉會抽動。無需理睬這些反應，因為當你試圖管教身體的時候，它就會反抗。如果在冥想時感到喉嚨乾燥，可以小口啜飲一些水。你的口腔也可能會分泌出過多的唾液。以上兩種情況的出現，都可能是源於過度飲食或食用了不健康的食物。

在練習初期，每次的冥想都不要進行太久，初始階段只要十五至二十分鐘就足夠了。之後每隔三天，你可以將練習延長三分鐘。隨著坐姿的逐漸穩定，時間自然而然就會延長。靜止、穩定坐姿的養成，會帶來強烈的愉悅感。當你從冥想座位站起來的時候，按摩一下腳趾、小腿和大腿，以排解不適。

可以向神祈禱自己的冥想變得越來越好，祈禱自己擁有坐下來練習的動力，祈禱自己會帶著巨大的渴望期待下次冥想。不過請記住，你只是在向生命之神祈禱，而它就在你的心房之中，這種禱告能夠增強你的意識。不要祈禱除了冥想之外的任何其他事。自私的禱告只會擴大自我，使練習者變得軟弱、有依賴性。禱告應源自內在的神性，而不要立足於自我。

練習一

在開始練習冥想時，先審視並檢查一下身體。確保雙眼自然閉合，牙齒微微相碰，嘴唇閉合，雙手輕鬆地搭放在膝蓋上（或自然地放到膝蓋附近，以免身體前傾）。

從頭到腳依順序完成對身體的檢查：放鬆你的額頭、臉頰、下巴、頸部、肩膀，從手臂到指尖都要放鬆。

將注意力放回到肩部，放鬆你的肩部，放鬆胸腔。當注意力在胸腔時，盡可能舒適地呼吸，這樣可以幫助放鬆身體。用鼻子做幾次深呼吸，讓心放下所有的緊張。不要有意識地控制身體，只是觀察它，讓緊張感自行消退即可。之後將注意力轉移到腹部，檢查骨盆、臀部、大腿、膝蓋、小腿、腳踝和雙腳。

此時，呼吸五至十次，審視自己的身體，並倒過來從腳到頭地再次依順序檢視一遍。如果發現某個部位有疼痛感，輕輕地將你的心念放到這裡治癒疼痛。心念完全有內在的能力去調節這種不適，不要懷疑。

瞭解心念

心念是身體、呼吸和感官的主人，它被核心意識所掌控。我們所有的思維過程、情感力量、分析能力，以及心念的各種狀態和功能，都源自最深層的內在靈魂。我們需要清楚地認識到，表面上，心念在感官、呼吸和身體的直接控制下，但事實上，心念也在影響著感官，促使它們在外在世界運行。正是心念渴望透過感官來觀察世界，並將這些覺察進行概念化和分類化。我們一切的得失功過和所有感受，都被記錄在無意識部分，在心理需要的時候，隨時調出來使用。

事實上，所有修練（sadhanas，精神方面的實操、技巧、鍛鍊）都是用來訓練心念的，其首要目的，就是使其認清它背後的存在：不朽的靈魂。我們的心念雖然看似是一個獨立的實體，但它無法脫離內在靈魂而存在。

心念是我們擁有的最精密的工具，對它的充分瞭解有助於修練自身。如果心念是雜亂無章、毫無秩序的，就會使我們遠離目標，最終一事無成。只要我們瞭解自己更深層的本性，任何意識領域裡的東西都能夠被心念所治癒。當我們對內在的自我開始覺察後，就能夠有意識地治癒或避免許多疾病的出現了。

心念有四種功能：心（Manas）、智（Buddhi）、自我（Ahamkara）和意識（Chitta）。我們要瞭解這四種功能並協調它們的運行。

「心」是較低級的心念，我們透過它與外在世界進行互動，接收各種感覺與資訊。「心」同時也傾向於懷疑與質疑，如果這種傾向太過度，就容易引發煩惱。

「智」是較高水準的心念，是通往內在智慧的通道。它能夠提供決定與判斷的能力，具有鑑賞力和區別力。當「智」能夠正常運轉，且「心」

也接受「智」的指揮，那麼「智」就能在我們行動兩難的時候，為我們選出更合理也更好的出路。

「自我」是指我執，即小我的意識。它認為自己是獨一無二、完全獨立的實體。它既帶給我們存在感，也會造成分離、痛苦和距離感。

「意識」是記憶的倉庫，儲存我們的印象和經驗。但如果它不能與其他功能協調作用，也會給我們製造困擾。

在《愉悅生活的藝術》（*The Art of Joyful Living*）[1]這本書中，對這四種功能有更加詳盡的描述，可以參考。練習者既要關照心念的四種不同功能的運行，和它們各自的職責，也要注意自己的外在行為，避免因不健康的飲食、性生活和不良習慣而引發疾病。

免疫系統同樣需要心念保持正面積極，才能正常運行。儘管個人衛生對此也很重要，但我們無法過度苛求。我們可以透過篩除負面、被動、懶惰的精神傾向，來實現心念的純淨。這種健康的心念能夠帶來自信，這樣「智」才能將事物區分得更好，及時做出決定。

為了協調不同的功能，我們必須學會觀察心念是如何透過言行來運作的。同時，我們也要關注思考過程本身。無知是一切疾病、不適、疼痛和痛苦的源頭。純淨、平和、寧靜的心念，才是積極且健康的。冥想的過程，有助於心靈保持運轉的效率和積極性。

純粹的心念在經過淨化和訓練後，會變得非常有力量，在很多情況下都有治癒的能力。自我修復是每個人心念的自然能力之一。例如：在削蘋果時，如果你割傷了手，手指就會開始流血。你會觀察到身體細胞的活動：它們就好像明白了什麼一樣，會在傷口處快速採取行動以阻止出血，保護受傷的組織。身體最終會自我治癒，治癒時間的長短，取決於身體免疫系統的狀況。但是，如果身體中的心念與情緒不協調，細胞的活動就會過度甚至引起增生。當心念運行的微妙層面缺乏協調與平衡時，疾病就會降臨，並干擾我們的修練（Sadhanas）。

我相信，如果一直任由外在事物影響我們的情緒，而不去開發內在的最高潛能，生活就是不完整的，我們會淪為不滿與失意的受害者。所以，我們應該運用自有的潛能來掌控身體、呼吸、感官和心念的健康，如此才有助於完成修練。

當你在冥想時，如果身體完全靜止、穩定、不動搖、不顫抖，也不抽動，那麼你就能體驗到一種不同於世俗的、非凡的愉悅感。這時就可以進入冥想的下一個階段：觀察自己的呼吸。

記住，練習對呼吸的覺知，對於冥想而言至關重要。觀察呼吸，檢查是否出現了之前描述的四個常見問題：呼吸急促、呼吸過淺、噪音和起伏不定。同時，身體要保持靜止，頭部、頸部和軀幹在一條直線上，這樣呼吸才能順暢。

●第二個月的練習

到了第二個月，可以做以下的延伸練習。

伸展與柔韌練習之後，就是呼吸的訓練。運動雖然有助於放鬆全身肌肉，但呼吸可以讓精細的肌肉組織與神經系統，得到更深層次的休息。進行鼻孔交替呼吸法和平穩的自然呼吸，都是有益的事前練習，但在進入冥想時，我們只推薦練習對呼吸的覺知。呼吸是心念的主要焦點之一，心念與呼吸緊密相連。讓心念集中在呼吸上不僅非常簡單，也是自然而然的。

正如前文所介紹的，在第一個月時，練習者應該將注意力集中在呼吸的流動上面，觀察每一次的吸氣和呼氣，努力改正呼吸過程中出現的四個常見問題。在對呼吸進一步練習時，則應將心念準確地集中在下面介紹的這些項目上。

練習二

這將會是令人十分愉悅的體驗，但要牢記，你必須保持坐姿的穩固、靜止和舒適，這樣身體就不會妨礙你從練習中獲得內在喜悅。這項特殊的練習非常奧妙，它比你掌握的對呼吸的覺知，更高級，也更精細。數千年來，無數先賢和上師都將它奉為練習的焦點。

當你吸氣時，想像氣息從脊柱底端被吸到頭頂正中央，而且在這個過程中沒有遇到任何阻礙或干擾。當你呼氣時，再想像氣息從頭頂被呼到脊柱的底端。如果你能假想脊柱有三條通道，將會很有幫助。這三條通道是：中脈，生理學家稱之為中央通道；它的兩側各有一條精細的通道，瑜伽士稱之為左脈和右脈，也就是之前介紹過的兩條主要氣脈。

中脈是一條非常精美的乳白色管道，吸氣和呼氣都要經過它。你可以去感受，精細的能量在大腦下端的延髓與盆腔神經叢之間流動。觀察你的心念，注意它分神的次數。每當心念不能保持專注時，你就會發現呼吸也會在同一時刻出現短暫的停頓，或其他不規律的現象。建議大家在練習期間，一定要保持呼吸流動的平緩與輕柔，不要出現抽動、雜音、呼吸過淺或起伏不定。

在你可以意識到呼吸在脊柱上的流動感後，就應該注意到同一時刻呼吸也正在經由鼻孔進出。你難免會發現：一側的鼻孔會有些堵塞，而另一側則更加通暢；一側的鼻孔可以輕鬆地吸氣，而另一側則不行。在這種情況下，將注意力放在受阻的鼻孔上，你會驚訝地發現，在很短的時間內，受阻的鼻孔打開了。

例如，你可以先關注右側鼻孔。當它呼吸順暢時，再去關注左側鼻孔，將它也同時打開。如果你經常練習，不需要太長的時間，就可以控制氣息的流動。

呼吸與心念是生命中相輔相成的一對。它們既密切相關、各自為政，又互相影響。你很快就會發現：在心念的關注下，呼吸的流動可以隨意願而發生改變。心念改變的一剎那，呼吸也隨之發生了變化。

在對兩側鼻孔進行微電流測試後，前人們發現：兩側的呼吸有著不同的性質。左側鼻孔的呼吸有降溫作用，右側鼻孔的呼吸則有升溫作用。依照這個先進的呼吸理論，當你注意到一側鼻孔更加活躍時，那麼這一側的精微元素（Tattvas）[2]就是活躍且突出的，這會給心念造成干擾。具主導作用的精微元素會影響呼吸，而反過來在呼吸過程中，左右鼻孔氣息的交替流動也會影響到精微元素本身。一旦你能夠控制呼吸，並使用覺察能力和冥想者的心念集中能力，就能夠控制精微元素的轉變了。在《光與火之路》這本書中，詳盡地探討了這個深奧的領域。

喚醒中脈

現在我們來講解下一步：如何使心念保持平靜與愉悅，才能使它在冥想時體驗到欣喜，這個方法就稱為「喚醒中脈」。學習者如果按照這個計畫耐心練習，肯定會大有收穫。那些「精明的讀者」可能只是走馬觀花，匆匆瀏覽一下文字，而不去練習。願神祝福他們，希望將來他們也會走上這條光明之路。

開始「喚醒中脈」時，冥想者首先需要把心念專注在呼吸上，感受兩個鼻孔的氣息。請注意，這並不代表將目光集中在鼻孔上方或鼻尖上，我們用的不是一點凝視法（Trataka）[3]。我們要將心念集中在呼吸的流動上，即嘴脣上方、兩個鼻孔之間的連接處。當你將心念集中在這裡時，會發現兩個鼻腔的氣息都開始順暢了。這就稱為「結合」（Sandhya），也就是太陽與月亮的結合、左脈與右脈的結合。這時，你的心情會非常愉悅，既沒有擔憂、恐懼，也沒有其他能夠轉移心念的負面思想。然而，練習者對於達到這種狀態，並沒有太多經驗，因此它很難保持，通常不會持續太久。

當你有規律地在早晨和晚上，將心念集中在兩個鼻孔的中央位置時，會發現大腦很容易恢復到愉悅的狀態。你會再次渴望進入這種狀態，一整天都期待著冥想時刻的到來。當兩個鼻腔都通暢時，代表你在用兩個鼻孔同時吸氣和呼氣，這就是中脈覺醒的標誌。一旦這種體驗能持續五分鐘，你就跨過了一個巨大的障礙，這時，你的心念產生了轉折，開始向內集中。這個練習通常需要兩到三個月的時間。

心靈中的意識

心靈中有意識的部分，是我們所有心靈中很小的一部分，它們通常在我們清醒時運作。無論是家長還是學校裡的老師，我們從小的教育體系中從來沒有提供過完整的計畫，用來教導我們如何理解並認識心靈，尤其是它無意識的部分。而我們從幼年時期開始就不斷被培養和鍛鍊的意念，則僅僅是心靈中有意識的這一小部分而已。

心靈中有意識的部分，依賴十種感官從外在世界收集訊息。其中五種是精細的認知感官（視覺、聽覺、味覺、嗅覺和觸覺），另外五種是粗放的行為感官（手、腳、表達能力、生殖器官和排泄器官）。

大多數人只掌握了極少的、用來訓練心靈中有意識那部分的能力。而古代的聖賢們，卻能夠透過深入冥想，進入心靈內在的無意識領域，並有條不紊地使用它。這些聖賢只使用了非常簡單卻系統化的冥想方法，就達到這個目的。遺憾的是，大部分人的覺知水準比牲畜高不了多少，因為他們不知道如何進入更深層次的心靈。這是因為我們察覺不到深深埋藏在自己本性中的寶藏。

要讓心靈中有意識的部分了解自身的本質，我們需要克服許多困難。我們的心念通常模糊不清、充滿困惑且不受管教，它總是聚焦於不斷運動及變化的外在世界。由於心念本身非常混亂，因此對於許多人來說，有時候就連如何準確地認知與評估外在世界的事物，都是難題。而冥想者的學習目的就是淨化心念，讓它變得專注。他們可以精準地收集感官資料，對事物進行清晰的認知，不會產生扭曲或含混的情況。

有了冥想的幫助，我們就可以訓練心念養成新的習慣。當你學會丟棄那些無益的習慣和想法時，就能夠轉化自己的人格了。要學會不受干擾和影響，學會保持情緒穩定，學會專注當下，學會對自己的練習與想法不妄加評判。在接下來三到四個月的練習中，繼續有規律地進行冥想，你會有充足的時間來掌握管理心念的能力。

有時，人們感覺自己已經可以控制心念了，但這通常只是錯覺，因為即便他們能夠控制心靈中有意識的那部分意念，也無法控制不可知的無意識意念。它非常強大，包羅萬象。無意識部分就像一個巨大的倉庫，我們的行為、活動、欲望和情緒所產生的所有印象，都儲存在那裡。心靈這些潛在的層面，對普通人來說仍然是個謎。就算有意識的部分看似平靜下來了，從無意識中升起的一個念頭（比如一段回憶）也足以擾亂心靈，像一顆石子打破平靜的湖面。

情緒是一股強大的力量，它通常在心靈的湖面之下運轉，就像一條在水下穿遊的鯊魚。如果我們不引導情緒，它就會攪亂整片湖水。在努力控制情緒的過程中，你要對自己有足夠的耐心。如果你不敢審視自己的思考過程，那就犯了一個嚴重的錯誤。你應該審視所有的恐懼，這時你會發現，大多數恐懼都是自己想像出來的，實則荒謬無理。之後你會進行自我反思。漸漸地，你就能在不受干擾的情況下，具備檢視思維過程的能力了。只有在心念保持清晰的條件下，我們才能做好進入三摩地的準備。三摩地是一種深入且高度集中的冥想，它分成很多等級。如果你能夠將心念集中十分鐘而不受干擾，那麼你就幾乎實現了這個目標。

那些意識到生命中還隱含著真理的人，那些經歷過這世上的歡愉卻發現那並非圓滿的人，他們都會明白：只有練習冥想，才能獲得真正的滿足感，因為它會產生最高等級的愉悅，冥想能夠帶來無畏。

冥想的最後一步是安住在靜謐中。這靜謐只能意會，無法言傳。它能夠開啟直覺的大門，無論是過去、當下還是未來，一切都會呈現在冥想者面前。

在很久很久以前，一個練習冥想的學生去見一位智者。學生開始高談闊論各種哲學理論，例如神的本質，但智者卻不發一言。學生侃侃而談，提出了許多問題，但智者仍然保持著沉默。最後，學生很無奈地問智者，為什麼不回答他的問題。智者笑了笑，輕輕地說：「我一直在回應你，只是你沒有在聽——神是靜謐的。」

在喜馬拉雅山區和印度其他地區，我在求學和研修的過程中，也遇過為數不多的一些幸運者，他們十分享受這種深入的安靜狀態。我也引導過一些準備冥想的人。這種靜謐超越了身體、呼吸和心念，平和、喜悅及幸福都源自這種靜謐。冥想者視這種靜謐為生命的棲息地，這才是冥想的終極目標。

譯注

1.《愉悅生活的藝術》（*The Art of Joyful Living*），斯瓦米·拉瑪著，書中描繪了如何建立一種愉悅的人生觀和如何建立健康的行為方式。

2. 精微元素（Tattvas）：主要有五大生理元素，包含土、水、火、風、空，此外還有其他無數微妙元素。

3. 一點凝視法（Trataka）：凝視練習，用於加強注意力的集中。

Chapter 7

冥想 Q&A

問：「冥想音樂」為什麼對深化冥想沒有幫助？

答：音樂是一種外部刺激，它會把你的感官和心念引向外部觀察，而不會引向內在專注。一朵玫瑰花或一首輕柔的音樂，這些令人愉悅的外在刺激，的確能夠發揮撫慰心靈的作用，但這並不能將你帶向最高層次的內在意識。你可以用其他時間享受音樂，但是不要將音樂和冥想混在一起。

問：使用香薰或蠟燭，會有幫助嗎？

答：同樣的原因，不推薦在冥想時薰香，因為香氣或煙霧會造成干擾。如果你想使用它們，可以在冥想前薰香，營造愉悅的環境。但我們建議在開始冥想時，就不要再薰了。晃動的燭光也會讓人分神，雖然你的眼睛是輕輕閉著的。如果蠟燭的品質很好，不會閃動，那麼可能不會引起過多的打擾。但冥想時，你的注意力不應放在蠟燭上，外部光線並不重要。

問：冥想體系和方法有很多，它們之間的區別是什麼？我要如何找到最適合自己的方法？

答：所有的冥想體系都是為了幫助練習者瞭解自己最內在的本性。我們可以把這些看似不同的方法，視為山坡上的條條道路，路上的風景各有千秋，但在山頂的終極體驗是殊途同歸的。

有些冥想體系會使用梵咒來練習，就像這本書裡介紹的一樣。有些體系則使用其他方法，大部分體系都會要求關注呼吸。無論選用哪種方法，最重要的是堅持下去並定期練習。不同的練習者在性格、喜好和能力上千差萬別，每個人所適用的方法也不盡相同。你可以選擇一種方法並堅持練習一段時間，觀察一下你對它的反應。

在冥想中僅僅關注呼吸還不夠。練習者更應該學會超越心靈中的意識，甚至是無意識部分。有些傳承可以帶領學生到達如此境界，而有些方式則僅局限於對呼吸的關注。能夠以舒適、穩固的姿勢坐好並關注呼吸，這的確很重要，但人類自身也是一種在不斷進行思考的存在，我們不可以忽視心念在精神中的不同層級。因此，能帶領練習者超越心念所有層級的方法，才是最高階的冥想。我們不是在批判其他冥想方法，只不過有些方法更為完善。

歸根結柢，練習者必須認清自己的本質就是意識的源頭。意識就是從這裡分化出不同的層級。整體意識是存在於身體、感官、呼吸和心念之外的。因此，最佳的練習方法應該是全面的，並且能夠清除所有障礙，讓我們獲得內心最深處的體驗。

問：瑜伽不僅有許多技巧，路徑也很多樣，比如奉愛之路、行動之路，我

應該如何選擇呢？

答：道路多種多樣，各不相同，但是目標只有一個。能夠幫助你實現內心深處滿足感的，就是你要走的路。逐漸地，你就會瞭解什麼是最適合自己的。

問：我能用鬧鐘來為冥想計時嗎？

答：從初始階段開始，你就應該增強意志力。要下定決心，按時起床，進行十、十五到二十分鐘的冥想。意志力是最偉大的計時員。隨著練習的不斷進步，你會發現，心會叫你起床來冥想。一旦你下定決心在固定的時間醒過來，是不需要外界的計時工具的。

一般而言，冥想本身不需要鬧鐘來計時，因為冥想與睡眠狀態不同，你不會失去時間意識。另外，在一段平靜的冥想結束時，被鬧鐘刺耳的鈴聲打擾會非常不舒服。如果你擔心時間問題，可以在視線範圍內放一個鐘錶來參照時間，或者選擇時間充裕時進行冥想。沒有瑣事纏身的清晨和晚上，都適合用來冥想。

問：如果腿開始痠痛或發麻，該怎麼辦？

答：當練習者的身體缺乏訓練時，這樣的問題會經常出現。在冥想之前與之後做一些伸展，情況在幾天之後會有所改善。如果你仍感到不舒服，或是雙腿發麻，可以伸一伸雙腿、按摩或伸展肌肉、換個姿勢坐幾分鐘，等到雙腿恢復過來的時候，再回到原來的坐姿。你會發現，定期練習並養成靜坐的習慣，持續時間就會延長，而且不會再產生不適感。幾個月以後，身體就不會像剛開始那樣有不舒服的感覺了。

在練習初期，有些姿勢會讓人不舒服，因為大多數現代人都不能在地板上持續坐那麼久。一旦你漸漸適應了自己的冥想姿勢後，就會感到越來越自然。雖然身體在初期難以調整，會不習慣坐在地板上（任何新的練習在開始時都會出現這種情況），但這很正常。要謹記，千萬不要強迫自己的身體，以致出現疼痛感。在冥想練習之前和之後的運動，對於保持良好的血液循環非常重要。

問：有時我的冥想很順利，有時卻總是受到干擾。遇到這種情況時，該怎麼辦呢？

答：當心念被瑣事和欲望占領時，冥想體驗就會受到干擾。在這種情況下，你應該下定決心，不去理會那些在腦海中升起的各種想法。在坐下來冥想之前，要意志堅定，將注意力放在呼吸上。這非常重要。無論腦海中出現多少五彩斑斕的想法，都不要為之所擾。如果你能夠學會旁觀自己的思考過程，不迷失在感覺、圖像、想法和願望中，那麼，那些想法無論是好或壞、有益或有害，都不會打擾到你了。

問：有時身體會發癢，頭會歪，還會出現其他症狀，比如打哈欠，同時伴隨流眼淚和吞咽唾液的欲望。要怎麼處理這些干擾呢？

答：如果冥想初期出現這些情況，就要確保自己沒有過度飲食。學會讓心念免受影響，並對你的身體保持覺察。這些問題很快就會得到解決。

問：冥想時，我為什麼會感到害怕？

答：出現這種問題的人，經常會逃避某些欲望，存在一些受到壓抑的想法；還有一些人自我逃避，不願面對自己的思考過程。

事實上，冥想時練習者是安全的。因為一個人越接近內心深處，就越接近永恆的真理，他也就越安全。的確，冥想時，我們會意識到腦海中隱藏的各種動機和受壓抑的感覺。但練習者應該培養內在的堅定，認清它們的面目，然後學會放下它們，這樣就不會再干擾自己的心念。只要真誠地進行冥想，定期持續練習並意志堅定，學生們最終都會克服這些障礙。

問：持咒（Japa）是什麼？應該如何使用它進入深度冥想？

答：持咒就是在心裡不斷重複某一個梵咒的過程，它能幫助自我保持對意識中心的覺察，可以在任何時間、地點和情況下練習。練習的最佳方法之一，就是默念。此時舌頭是保持不動的。心念總是習慣於不停地思考，迷戀於世俗萬象。將心念繫於咒語的練習，能有效地抵抗這種傾向。當持咒成為自動持咒（Ajapa Japa）[1]時，就能夠達成內在的安逸、愉悅、祥和與幸福。如果用心練習而不僅僅是機械地重複，將會有助於學生達到狂喜（Mahabhava）。

世上所有的修練體系都會推薦某些特定的咒語。對於冥想練習者而言，這是一種強而有力的支持和幫助。持咒的練習中可以使用瑪拉

（Mala），這是一串珠子，跟佛珠很像。或者只是在心裡默念。如果你使用念珠，每重複一次梵咒，就要撥動一顆珠子。

問：冥想和持咒的區別是什麼？

答：持咒就像一個不離不棄的夥伴，陪伴冥想者跨越所有干擾和障礙，達到靜謐的狀態。靜謐是最高級的成就。在這種狀態中，我們體驗到完整的意識及內在的自我。這種自我包含一切，也就是真我，宇宙間的真理。

問：飲食和性行為會影響冥想嗎？

答：這些因素當然會影響到冥想。我們不鼓勵心念時時刻刻癡迷於各種與性相關的享樂。性是在一定年齡階段的生理和情緒需要，但這種欲望應該得到管理，不應成為生活中最重要的事情。而關於飲食，冥想練習者最好選擇烹調適中、簡單、新鮮、有營養的食物。雖然營養豐富的食物都很好，但過度飲食既不健康，也不利於冥想。飢餓時或飯後都不要進行練習。

問：怎樣才能知道自己什麼時候需要老師？如何找到老師？

答：當練習者開始觀察外在世界，並發現時事稍縱即逝的本質時，就會不再滿足於此。他們質疑生命的目的，並試圖瞭解自己內在的狀態。通常這類學生會去研究聖人的教誨，正是在這段追尋的過程中，學生會發現自己需要一名嚮導。過去的老話千真萬確：當一個學生極度渴望瞭解內在的真相，當他赤誠地求索並準備充分時，老師就會出現。

練習者都應該知道，真正的老師是無私的，他們瞭解學生的心靈狀態，並據此引導他們。不要刻意尋找老師。要自己先做好準備，老師才會自然出現。那些自私霸道、剝削學生的老師，根本不能引導任何人。只有無私、有冥想經驗的老師，才瞭解學生是否已經做好準備要踏上這條道路。

一位高水準的老師的確是神的恩賜。我建議學生不要到處尋找老師，而要把自己準備好，觀察自己的思想、行動、語言。每一個人都有自己的老師，那就是自己的心。如果忽視自己內在的老師，那麼外在的老師也不會有絲毫用處。學會聆聽自己的心——這對於走上精神之路是非常重要的準備。

有時「自我」會跳出來誤導我們。心念是一個會玩把戲的魔術師，但真誠的練習者可以識別這些內在的引導是源於自己的良心，還是源於自我個性中迷惑或自私的部分。我建議學生們向內在的強大真我祈禱，真誠的祈禱總是會得到回應。

問：學生如何知道自己是否在進步呢？

答：精神之路上的進步，不同於外在世界的進步。內在的進步，意謂著平和與愉悅的增長——學生不再感到不安或受到刺激。這種內在體驗，足以證明練習者在進步。而學生在精神之路上，也一定會遇到其他志同道合的夥伴，自然規律就是如此：同類相吸。

問：冥想能治療情緒問題嗎？

答：只要能有系統地練習，冥想可以成為最高級的治療方法。練習者逐漸能學會處理問題、面對恐懼和改變陋習。只要堅定、真誠地走下去，每個人都有能力不斷取得進步，完全可以處理最為棘手的問題。如果用盡一切努力，你都無法找到內在的平靜，那麼就將自己交給萬物的存在之主吧。臣服是最高級的解決方式。

問：冥想練習有危險嗎？

答：冥想不具任何危險性，但如果我們沒有準備充分，只是閉眼坐在那裡幻想，那純粹就是在浪費時間和精力。我們要瞭解整套方法，一步一步訓練自己成為「知情者」。大部分人都知道如何對外在事物進行瞭解、觀察和確認，但探究、尋找和注視內在是截然不同的。因此，有系統地學習如何冥想，是很有幫助的。

許多老師都聲稱自己的方法是一條捷徑，而其他方法都耗時耗力。但其實並不存在捷徑與彎路之分，道路的長短完全取決於學生的能力、熱誠和決心。不要因為這種蠱惑、宣傳或鼓吹就動搖，應該根據自己的實際情況安排練習。

問：冥想的深入會有哪些表現？

答：冥想讓心念專注而集中，朝向內在。當你學會安排好生活的瑣事，不再受到它們的阻礙，並能規律地按時練習冥想時，你會發現自己獲得了特殊的回報。在生活中，你的心念會變得敏銳、集中，開始深入更為微妙的層面。這些都是冥想深入的體現。

問：如何增強對梵咒的感覺？

答：一開始，只要重複梵咒就可以了。然後，當這種習慣成為生活的一部分時，你就會體驗到愉悅並愛上這個習慣。當持咒成為生活中不可替代的習慣，你就會受到它的吸引，在念誦梵咒的時候會感受到喜悅。

問：冥想的最終結果是什麼？我們可以有什麼樣的期待？

答：書中的介紹都是最終會達到三摩地的狀態。但是，三摩地有很多種類型，我可以告訴你的是，一位冥想者完全可以達到最高級的智慧，這時心靈不再存有任何疑問，所有的問題都將得到解答，所有的煩惱也會煙消雲散。心靈上達到的這種愉悅狀態，可以帶來外在的寧靜和內在永恆的平和。冥想者時時刻刻都感受到真理的存在，他們毫無畏懼。生命之主存在於他們的每一次呼吸中，外在世界的動盪不安，再也無法影響到他們。

問：一個誠摯的學生要花多長時間才能實現最終目的？

答：這取決於學生內在狀態的品質、決心，以及是否可以定時、規律地練習冥想。有些學生對於達到最高水準興趣盎然，但他們興沖沖地練習幾天就不那麼感興趣，於是不再練習。因此，能持之以恆、下定決心並定期練習的人，一定能夠更快地獲得最高水準。練習者難免會有許多幻想，渴望內在體驗，期待出現奇蹟。但是，當他們瞭解到這些都沒有幫助時，就會主動放棄。他們會跨越妄想的泥潭，跋涉在光明之路上。

譯注

1. 自動持咒（Ajapa Japa）：持續、自發地意識到自己的梵咒。

附錄 A

放鬆練習

●緊繃／放鬆練習

這項練習應該在開始哈達瑜伽體位法的前三分鐘完成。你可以練習幾週的時間，或者練習到你的身體和心靈在做哈達瑜伽體位法、呼吸練習和冥想時，能夠釋放緊張為止。

方法

- 採用攤屍式躺好，放鬆下來，均勻地呼吸。
- 繃緊臉部肌肉，並向鼻尖收縮。然後放鬆，釋放緊張。
- 輕輕閉上雙眼，在接下來的練習中，雙眼要保持微閉。
- 緩慢而連續地左右搖動頭部。
- 肩膀向上聳起。緩慢還原，放鬆。

・微微繃緊右臂，不要握拳頭，不要將手臂抬離地面。不要只把注意力集中在外在肌肉的緊張上，要讓你的心念深入肌肉組織。然後，放鬆手臂，釋放緊張。

・左臂做同樣的練習。

・讓髖部和臀部繃緊，然後放鬆，釋放緊張。

・用右臂的練習方式使右腿繃緊，然後放鬆，釋放緊張。

・左腿也做同樣的練習。

・從腳趾開始，放鬆身體。放鬆腳趾，放鬆雙腿，放鬆上半身，放鬆手臂，放鬆頸部，放鬆頭部。

●整體放鬆練習

在冥想之前，集中精神進行放鬆，非常有好處。這類練習有很多種。這裡描述的方法能夠放鬆骨骼肌，消除哈達瑜伽體位法帶來的疲憊和緊張感，讓身心充滿活力。在練習的過程中，讓心念保持清醒，在逐步放鬆肌肉的同時關注呼吸。

這項練習在初始階段應該持續十分鐘即可，因為超過十分鐘後，心念通常就會分神，你會發現自己已經昏昏欲睡。

方法

・採用攤屍式躺好，雙眼輕閉。用鼻子吸氣，再用鼻子呼氣，呼吸要緩慢、平穩、深入，沒有任何噪音、抽動或停頓。讓氣息自然流動，吸氣與呼氣之間不要停頓。身體保持靜止。

・用心念關注自己身體的各個部位，放鬆頭頂，放鬆額頭，放鬆眉毛、眉心，放鬆眼球、眼皮，放鬆臉頰，放鬆鼻子。完整地呼氣，完整地吸氣，橫膈膜式呼吸四次。伴隨著呼氣，放鬆嘴部、下巴、下頜、頸部，放鬆雙肩、上臂、前臂、手腕，放鬆雙手、手指、指尖。感覺呼吸從指尖開始，經由手臂、雙肩、臉部到達鼻子。然後呼氣，感覺氣息回到指尖。完整地吸氣與呼氣四次。

・放鬆指尖、手指、雙手、手腕、前臂、上臂、雙肩、上背部和胸部。將注意力放在胸部中央位置，完整地吸氣與呼氣四次。

・放鬆上腹部、下腹部、下背部、臀部，放鬆大腿、膝蓋、小腿，放鬆腳踝、腳掌、腳趾。

・呼氣時，感覺整個身體都在呼氣，吸氣時，感覺整個身體都在吸氣。釋放一切緊張、擔心和焦慮。吸氣時，吸入能量、祥和與放鬆，完整地吸氣與呼氣四次。

・放鬆你的腳趾尖、腳掌、腳踝、小腿、大腿、膝蓋、髖部、下背部、下腹部、上腹部、胸部。將心念集中在胸部中央，完整地吸氣與呼氣四次。

・放鬆上背部、雙肩、上臂、前臂、手腕、手掌、手指、指尖。完整地吸氣與呼氣四次。

・放鬆指尖、手指、手掌、手腕、前臂、上臂、雙肩、脖子、下頜、嘴部、鼻腔。完整地呼氣與吸氣四次。

・放鬆臉頰、眼皮、眼球、眉骨、兩眉之間的眉心、前額、頭頂。現在，讓心念關注呼吸的平穩與安靜，持續三十至六十秒。讓心念輕輕地、有意識地引領自己平緩、安靜和深入地呼吸，不要有任何噪音和停頓。

・輕柔地睜開雙眼，伸展身體。一整天都要努力保持這種平靜、祥和的感覺。

附錄 B

呼吸訓練

我們有許多適合初學者的呼吸練習，下面介紹有助於冥想並可以放鬆橫膈膜的呼吸練習。

站立完整呼吸——伸展練習

站立完整呼吸練習能夠擴充肺活量，使你精力充沛。練習時，要用鼻子呼吸，不要用嘴巴。最好在窗前或空氣新鮮的戶外進行練習。

練習時，為了便於理解，可以先想像在杯中注滿水再喝掉的過程。我們在注水時，水面的高度會由下而上升起。而當我們喝水時，水面的高度又會從杯子頂端向下降低。同樣地，吸氣時，想像氣息從下到上將肺部裝滿，呼氣時，肺部從上到下被排空。

方法

- 採站立姿勢。
- 吸氣，慢慢將雙臂向兩側抬起，不斷向上伸展，一直抬到頭頂，掌心相碰，呈祈禱式。
- 伴隨著雙臂向上，讓呼吸先充滿下肺部，然後是中肺部，最後充滿上肺部。
- 呼氣，慢慢將雙臂放回身體兩側。讓氣息先離開上肺部，然後離開中肺部，最後是下肺部。
- 重複二至五次。

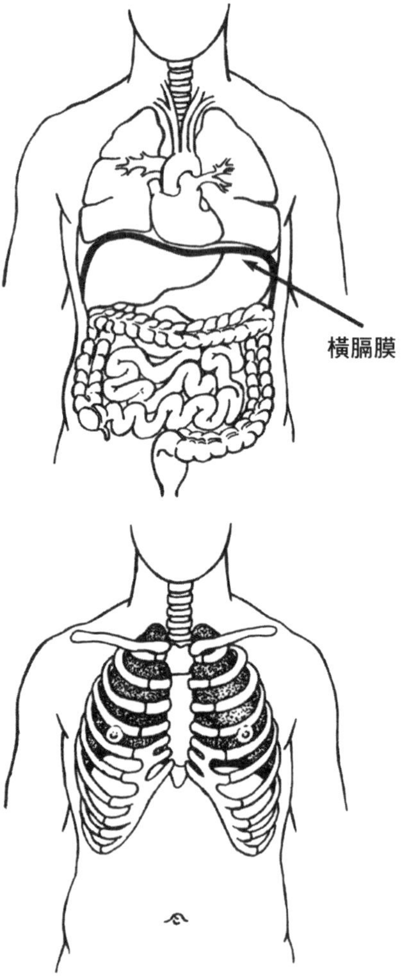

圖 17：橫膈膜、肋骨及內臟器官的位置關係

●橫膈膜式呼吸

橫膈膜式呼吸的練習可以分三步驟完成。以下附上每一步驟的簡單介紹及練習方法。

一、攤屍式仰臥

在仰臥時，胸腔基本上是不動的，而肚臍區域會隨著呼吸而明顯起伏。人們有時稱這種呼吸為「腹式呼吸」。這並不是橫膈膜式呼吸的最終階段，但的確能夠消除使用胸腔進行呼吸的不良習慣，讓我們體會到橫膈膜運動的效果。在練習的這個階段，你可以養成許多良好的呼吸習慣：讓自己的呼吸變得深入、平穩、無聲，且沒有停頓。如果要加強橫膈膜式呼吸，可以在這個姿勢的基礎上，放置沙袋進行練習。

方法

- 以攤屍式仰臥。用一個薄墊子墊在頭部和頸部下方。兩腿分開約三十公分，雙臂打開離開軀幹，掌心向上。
- 閉上雙眼，讓身體靜止下來。放鬆胸腔部位的肌肉，直到胸部和肋骨可以保持穩定。然後，開始觀察呼吸的流動。
- 關注每次呼吸時腹部的起伏。不要刻意將腹部向上擴張，而是要讓腹部隨著橫膈膜的運動而自然起伏。橫膈膜下降時，腹部自然上升，這就是吸氣。而在呼氣的時候，感受腹部下降。
- 每次呼吸結束時保持放鬆，然後再開始下一次呼吸。氣息從每一次吸氣自然地流動到呼氣，中間沒有停頓，之後再從呼氣流動到吸氣，中間也不要有停頓。

・呼吸要深入、平緩。不要抽氣，也不要試圖控制呼吸。吸氣和呼氣的時間要大致相等。另外，伴隨著呼吸的深入和平緩，氣息的流動要安靜。

・最後，要一遍一遍地反覆觀察呼吸，就好像是身體在呼吸，而你只是旁觀。再繼續關注呼吸五分鐘，之後讓心念放鬆下來。

二、鱷魚式俯臥

採用鱷魚式俯臥時，你會注意到胸腔下方的肋骨在呼吸過程中可以自由活動。它們在吸氣時打開，在呼氣時收回。俯臥時，背部也會隨著呼吸起伏。這個階段的呼吸練習，不僅要注意腹部，還要注意體側和背部，這可以讓我們更完整地感受橫膈膜式呼吸的變化。

方法

・俯臥。

・雙手前臂相疊置於頭頂下方，將額頭放在前臂上。

・雙腿可以併攏，也可以分開。腳趾可以向內，也可以向外。放鬆整個身體。

・觀察呼吸的流動，在每一次呼吸過程中感受背部的起伏：每次吸氣，背部上升；每次呼氣，背部下降。

・下一步，觀察胸腔兩側的運動。每次吸氣，肋骨擴張；每次呼氣，肋骨收回。

・最後一步，吸氣時，感受腹部貼向地板；呼氣時，感受腹部收回。

・關注身體的呼吸，關注整個軀幹的運動，包括背部、胸腔兩側和腹部。保持五分鐘的關注，然後隨著對呼吸的關注使神經系統和心念得到放鬆。

三、直立坐姿（可以採取任何冥想姿勢）

在使用直立坐姿時，腹部和下背部肌肉需要保持必要的緊張，這對呼吸會有幫助。與鱷魚式俯臥一樣，身體的前側、兩側及後背部在練習中會隨著吸氣擴張。相對於身體腹部的起伏，要將注意力放在下肋部向兩側的擴張上。後背的起伏只要稍加關注即可。

方法

・以冥想坐姿坐直，讓身體靜止下來。放鬆胸部肌肉，放鬆下背部和腹部，保持直立的坐姿。

· 觀察呼吸的流動，感受下腹部隨著每一次吸氣擴張，每一次呼氣收縮。注意呼吸導致的軀幹兩側、前側和後背部的微微擴張與收縮，關注這些部位之間的平衡關係。

· 坐立練習中的腹部運動沒有仰臥時明顯，但身體兩側的運動會更加明顯。

· 用五分鐘來關注呼吸，然後放鬆。學會在坐著時關注橫膈膜式呼吸。同時，讓想法自由出現，並保持對呼吸的覺察。

BH0038

冥想〔全球暢銷20年經典〕

認識內在自我，與外在世界和諧共處，獲得真正的滿足

Meditation and Its Practice

作　　者　斯瓦米・拉瑪（Swami Rama）
譯　　者　劉海凝
責任編輯　于芝峰
協力編輯　洪禎璐
內頁排版　宸遠彩藝
美術設計　黃聖文

發 行 人　蘇拾平
總 編 輯　于芝峰
副總編輯　田哲榮
業務發行　王綬晨、邱紹溢
行銷企劃　陳詩婷

出　　版　橡實文化 ACORN Publishing
地址：臺北市105松山區復興北路333號11樓之4
電話：（02）2718-2001　傳真：（02）2719-1308
網址：www.acornbooks.com.tw
E-mail信箱：acorn@andbooks.com.tw

發　　行　大雁出版基地
地址：臺北市105松山區復興北路333號11樓之4
電話：（02）2718-2001　傳真：（02）2718-1258
讀者服務信箱：andbooks@andbooks.com.tw
劃撥帳號：19983379　戶名：大雁文化事業股份有限公司

印　　刷　中原造像股份有限公司
初版一刷　2018年1月
初版12刷　2022年2月
定　　價　280元
I S B N　978-957-9001-35-9

大雁出版基地
www.andbooks.com.tw

國家圖書館出版品預行編目 (CIP) 資料

冥想 : 認識內在自我 , 與外在世界和諧共處 , 獲得真正的滿足 / 斯瓦米 . 拉瑪 (Swami Rama) 作 ; 劉海凝譯 . -- 初版 . -- 臺北市 : 橡實文化出版 : 大雁出版基地發行 , 2018.01
面 ; 公分
譯自 : Meditation and its practice

ISBN 978-957-9001-35-9(平裝)

1. 超覺靜坐

192.1 106024258